Manfred Mader
Nach Regen kommt immer wieder Sonnenschein

AF285656

Manfred Mader

Nach Regen kommt immer wieder Sonnenschein

Ein schicksalshafter Erfahrungsbericht

© 2007 Manfred Mader
Satz und Layout: Buch&media GmbH, München
Umschlaggestaltung: Kay Fretwurst, Spreeau
Herstellung und Verlag: Books on Demand GmbH, Norderstedt
Printed in Germany
ISBN 978-3-8334-6640-3

Inhalt

Geleitwort

Einen Schlaganfall oder eine Hirnblutung bekommen nicht nur die »alten«, erwachsenen Menschen. Schon Jugendliche, Kinder und Säuglinge kämpfen damit. Das wissen die wenigsten, und vielleicht kann dieser Beitrag eine Aufklärung auch für die gesunde Bevölkerung sein. Denn ein Schlaganfall oder eine Hirnblutung kann wirklich jeden treffen. Das sind in Deutschland über 250 000 Fälle im Jahr und in Österreich prozentuell auf die Einwohnerzahl des Landes gerechnet entsprechend weniger.

Manfred Mader, mein Ehemann und Vater unserer Tochter Denise, erlitt 1996 eine Hirnblutung. Er war fünf Wochen im künstlichen Koma und musste danach wieder atmen, schlucken, sitzen, stehen und gehen lernen. Keiner der Ärzte glaubte, dass er überleben würde. Von dieser Zeit und den anschließenden Therapien, die ihm zuteil wurden, erzählt er hier mit viel Humor.

Dieses Buch kann Schlaganfallpatienten und deren Angehörigen eine Hilfe sein. Manfred Mader beschreibt ausführlich seine Heilbehandlungen, was sich als nützlich erweisen kann, denn sehr oft verstehen Patienten nicht wirklich, was sie in der Therapie tun müssen oder warum sie eine Übung genau so machen sollen, wie es vom Therapeuten verlangt wird. Doch es ist wichtig, die Bedeutung der Übungen zu verstehen und die Behandlung ernst zu nehmen.

Meinen Mann hat es bestimmt ein Jahr gekostet, dass er sich die ganze Therapie irgendwie leichter gemacht hat – und das ist nicht der Sinn. Es gibt eben Unterschiede darin, wie man eine Übung ausführt. Man kann da die Therapeuten leicht täuschen. Er beschreibt, wie er das versucht hat – aber eigentlich hat er damit nur sich selbst geschadet. Es brachte ihm nichts außer vielleicht einem nachsichtigen Lächeln oder einer Rüge.

Über 45 Jahre alt und behindert versuchte mein Mann, seine Pension mit leichten Schreibtätigkeiten aufzubessern, aber da hatte er keine Chance. Es gelang ihm aber, als Daytrader im Aktienhandel einen neuen Job für sich zu finden. Er beschreibt hier ausführlich, wie man professionell das Risikomanagement einsetzt und mit Optionen sein Engagement in Aktien absichert, sodass fallende Kurse einem nichts anhaben können. Auch dies kann ein wichtiger Beitrag zum Bereich Vorsorge sein. Das wird gerade dann aktuell, wenn ein Schlaganfall in der Familie Thema ist.

Manfred Mader zeigt in positiver Weise, mit viel Witz und Spannung, dass das Leben nach einem Schlaganfall oder einer Hirnblutung nicht zwangsläufig vorbei sein muss, sondern dass man sich auch dann noch Träume erfüllen kann.

Anuschka Mader & Denise Eliasson

Träume

Zunächst ein paar Bilder von den Träumen, die ich hatte, als ich fünf Wochen lang im künstlichen Koma lag. Sie zeigen größtenteils unseren letzten Karibikurlaub vor meiner Hirnblutung und so kann sich vielleicht jeder vorstellen, wovon ich phantasierte.

Abb. 1: Josi und Fanny, unsere Hunde, die bei meiner Hirnblutung Lärm schlugen und dadurch für Hilfe sorgten. Sie hatten ein schönes Hundeleben. Beide sind im Hundehimmel und wir trauern heute noch um sie.

Abb. 2: Sandy Cay, meine karibische Lieblingsinsel, mit Tortola im Hintergrund

Abb. 3: Unser Charterschiff »Eleanor Star« in der Karibik

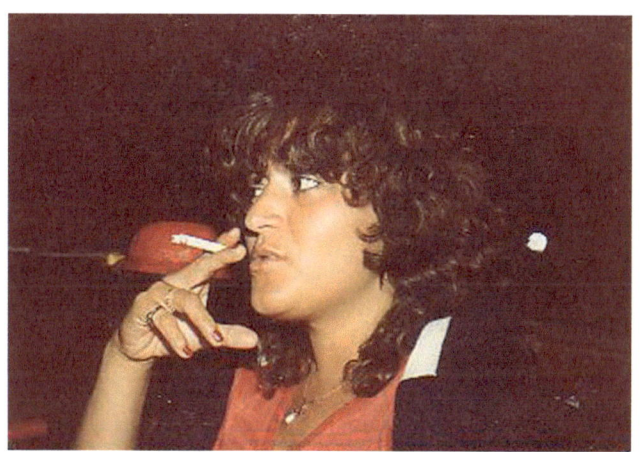

Abb. 4: Anuschka, meine Frau und mein Schutzengel

Abb. 5: Der »Bitter End Yachtclub« im North Sound auf Virgin Gorda

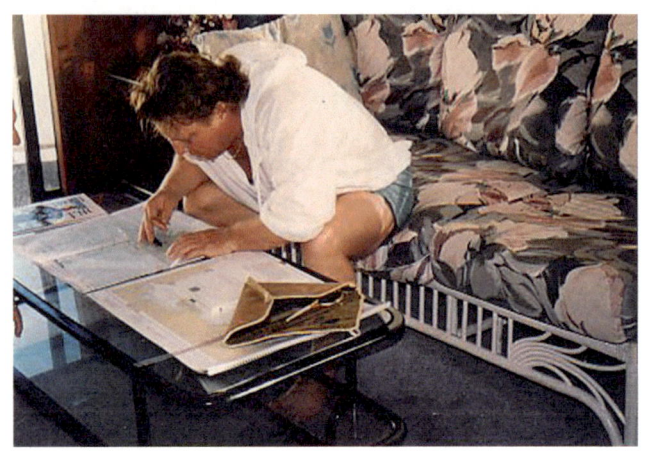

Abb. 6: Ich zeichne den Tageskurs

Abb. 7: Der für mich schönste Strand der Welt auf Peter Islands

Abb. 8: Einfahrt nach Charlotte Amalie, mit den Kreuzfahrt-schiffen und einem Wasserflugzeug auf dem Weg zur Start-bahn

Abb. 9: Mein Vater und meine Tochter an ihrem 19. Geburtstag auf der »Eleanor Star«

Vorwort

Wenn ich auf mein Leben vor dem Koma zurückblicke, so kann ich sagen, dass es eigentlich nicht schlecht war. Mit meinen 44 Jahren hatte ich so ziemlich alles erreicht, was ich erreichen wollte. Meine Tochter war schon fast erwachsen und ich begann, mir Gedanken zu machen, wie ich meine Zukunft gestalten wollte.

Beruflich konnte ich schon etwas zurückstecken. Mein Schwager Herbert und ich leiteten unser zahntechnisches Labor seit mehr als 25 Jahren und wir waren in der Branche anerkannt. Tag und Nacht zu arbeiten war nicht mehr notwendig, denn unsere Häuser waren fertig und wir hatten schon in der ganzen Welt Urlaub gemacht.

Wir wechselten uns ab. Jeden zweiten Freitag hatte einer von uns frei für ein langes Wochenende. Das war angenehm, man konnte Dinge erledigen, für die früher keine Zeit war.

Ich hatte ein großes Ziel: Ich wollte ein Schiff bauen und damit jahrelang die Welt umsegeln. Da hätte ich dann sagen können: »Mein Leben war super, ich habe richtig gelebt!« Das wollte ich im Pensionsalter unbedingt verwirklichen.

Ich fragte mich oft, ob es nicht besser wäre, alles zu verkaufen und die Weltumsegelung gleich zu machen. Ich konnte schließlich nicht wissen, ob ich mit 60 oder 65 Jahren dazu noch in der Lage sein würde. Aber das Risiko, dann später vielleicht vor dem »Nichts« zu stehen, war mir zu groß.

Natürlich hatte ich von Krankheiten wie Schlaganfall,

Herzinfarkt oder Krebs gehört, aber das betraf doch nur die anderen, die alten Menschen, doch nicht mich und meine Familie. Ich war ja noch jung und agil. Eine Krankheit war für mich undenkbar. Und falls ich einen Unfall hätte und nicht mehr arbeiten könnte, wäre ich durch eine Versicherung abgesichert. Nur leider war meine Krankheit kein Unfall!

Ich kam mir auch sehr gesund vor, außer kleinen Wehwehchen wie Rückenschmerzen und Tennisarm hatte ich keine Beschwerden. Ich konnte mich nicht erinnern, wann ich einmal krank gewesen wäre, und wenn, dann hatte ich vielleicht im Urlaub einmal ein bisschen Fieber, das war alles.

Mit meinem Gewicht hatte ich etwas zu kämpfen, zehn bis fünfzehn Kilo könnten es weniger sein. Na ja, daran ist noch keiner gestorben.

Ein angeborenes »Aneurysma«, das in meinem Stammhirn im III. Ventrikel platzte, hat mein Leben von einer Sekunde auf die andere total verändert. Eigentlich war es kein Aneurysma, sondern eine dünne Stelle in der Ader, die einfach riss. Circa zwei Zentimeter lang und nicht zu coilen oder zu clippen.

In meinen schlimmsten Träumen hätte ich mir so ein Dasein, wie es nun folgte, nicht vorstellen können. Daran stirbt man besser! Gelähmt und ein Pflegefall, das ist doch kein Leben mehr – oder doch?

Es gibt gewisse Punkte im Leben, wo man Entscheidungen zu treffen hat. Die Versuchung, sich später zu fragen, ob es anders besser gewesen wäre, ist groß. Das Ergebnis weiß aber niemand. Eigentlich sollte man mehrere Leben haben, um ausprobieren zu können, wie der andere Weg wäre.

Ich lebe jetzt mein zweites – ich kann sogar sagen mein besseres – Leben. Mal sehen, was es noch bringt und ob es das ist, was ich mir erträume.

Die letzten Minuten

Freitag, der 27. September 1996

Ein wirklich guter Morgen, denn heute mache ich »blau«. Es ist noch sehr früh, etwa vier Uhr. Um diese Zeit gehe ich meist aufs Klo, da ich immer so zeitig aufstehe. Ich ribble mir den Schlaf aus den Augen und gähne einmal herzlich. Zum Pinkeln setze ich mich hin, Anuschka, meine Frau, besteht darauf. Sie wird bald von der Arbeit heimkommen, da bleibe ich gleich wach.

Mangels Taschentuch nehme ich einfach etwas Klopapier und schnäuze die trockene, verstopfte Nase – vielleicht ein wenig zu stark. In diesem Augenblick platzt etwas in meinem Kopf!

Ein heftiger Adrenalinstoß durchfährt mich. Das passt mir jetzt überhaupt nicht! Denn ich kann mir schon denken, was passiert ist!

Ich spüre, wie im Hinterkopf ein dünner, scharfer Blutstrahl austritt. Das kann nur etwas Gröberes sein. Obwohl: Ich hatte so etwas schon vor ein paar Wochen, nur nicht so schlimm. Damals schüttelte ich den Kopf und es war vorbei. Ich maß der Sache keine Bedeutung bei und ging nicht einmal zum Arzt. Wegen jeder Kleinigkeit – Kopfschmerzen oder manchmal ein Stechen – rennt man doch nicht gleich zum Doktor …

Seltsamerweise spüre ich keine Schmerzen und kann normal denken. Ich bin auch erstaunlich ruhig und gefasst. Ich weiß, dass nach einem Schlaganfall eine Seite hängt … ich werde in den Spiegel schauen.

Ich will aufstehen, aber mein linkes Bein trägt mich nicht mehr. Beim Sturz reiße ich fast das Waschbecken unter dem Spiegel aus der Verankerung. Normalerweise würde ich jetzt »Scheiße!« schreien, aber ich nehme mich zusammen. Also fluche ich nicht, sondern überlege, wie ich mich aufrichten kann. Es ist alles so ungewohnt und eng. Irgendwie schaffe ich es, aufzukommen und mich im Spiegel zu betrachten.

Ja, die linke Seite hängt, glaube ich. Nun, wenn ich rechtzeitig ins Spital komme, habe ich gute Chancen. Ich denke an meine Großmutter, die ihren ersten Schlaganfall auch überlebt hat. Irgendwie beruhigt mich das, denn seit meiner Diagnose vor dem Spiegel habe ich doch starkes Herzklopfen. Durch meine Ausbildung zum Zahntechniker und Sanitäter weiß ich, was passiert ist – und kenne auch die Folgen.

Da ich fühle, dass ich links gelähmt bin, wird die Blutung wohl in der rechten Schädelhälfte sein. Zum Glück ist es nicht andersherum, denn sonst müsste ich Sprachprobleme oder Aphasie befürchten. Das wird mir hoffentlich erspart bleiben. Ich weiß, dass mit guter Therapie viel wiederhergestellt werden kann. Ich muss nur schleunigst in ein Spital für neurologische Schäden (Stroke Unit) und so bald wie möglich Therapie bekommen.

Ich werde Denise, meine Tochter, rufen. Aber vom Klo kann sie mich nicht hören. Ich mache die Tür auf und liege schon wieder am Boden. Mein Kopf, ich muss auf meinen Kopf aufpassen! Das war haarscharf am Heizkörper vorbei! Lieber krieche ich, als nochmals aufzustehen. Bei der Treppe überlege ich, wie oft ich wohl werde rufen müssen, bis sie mich hört. Das geschieht sonst immer erst beim dritten oder vierten Schrei. Es muss beim ersten Mal klappen!

»Denise!« Das war nichts, ich habe mich ja kaum selber gehört.

Josi und Fanny, unsere Hunde, bellen zum Verrücktwerden. Die beiden springen auf mir herum und ich werde fast grob, um mich von ihrer Übermacht zu befreien.

Plötzlich steht meine Tochter oben an den Stufen. Gott sei Dank, sie hat mich gehört! Ich bemühe mich, ruhig zu wirken, und unterbreche ihre »Papa, was ist, was hast du?«-Schreie.

»Bitte ruf die Rettung, ich glaube, ich hatte einen Schlaganfall!«

Denise verständigt in der Aufregung die Feuerwehr, weil sie die Nummern verwechselt. Sie erreicht dann aber nicht nur die Rettung, sondern auch meinen Vater. Er ist der »gute Geist« in unserer Familie. Er kümmert sich um alles, macht alles und sorgt für alles.

Mein Vater ist auch gleich da, denn meine Eltern haben ihr Haus auf demselben Grundstück. Seine Anwesenheit tut gut, obwohl ich mich fühle wie damals als Kind, wenn ich etwas ausgefressen hatte.

Ich habe einen scheußlichen Geschmack im Mund und bitte Denise um ein Bonbon. »Gib's mir bitte in die linke Hand, nur in die linke.« Ich versuche ihr zu erklären, warum. Wenn ich mit der linken Hand noch greifen kann, ist sie nicht gelähmt! Ich bin nicht sicher, ob ich ihr das verständlich machen kann, vermutlich glaubt sie, ich habe sie nicht mehr alle. Letztendlich habe ich das Zuckerl im Mund, aber ich weiß nicht, ob ich oder sie es mir in den Mund gesteckt hat.

Anuschka ist von der Arbeit zurück. Sie glaubt, meinem Vater sei etwas passiert. Sie tut mir leid, ich möchte sie beruhigen, aber mir wird schlecht und ich muss mich übergeben.

Endlich sind die Sanitäter da. Ich will ihnen erklären, aber meine Frau, Denise ... alle reden gleichzeitig. Einer der Sanitäter gibt mir über Kreuz die Hände und bittet mich, sie zu drücken. Gott sei Dank, der kennt sich aus! Meine linke Hand ist schwächer.

Ich liege auf einer Trage, weiß aber nicht, wie ich da raufgekommen bin. Ein Sanitäter richtet eine Spritze her und der andere verabreicht sie mir. Meine Diagnose dürfte stimmen. Ich blicke zu meinem Vater und frage: »Schlaganfall, ja?«

»Ja, Manfred, ich glaube schon.«

Er ist sehr blass. Oder ist es das Licht?

Ich habe noch so viel zu tun! Es sind so viele Dinge zu erledigen, die Zahlungen für den kommenden Monat, das Testament, die Lebensversicherungen, aufs Klo muss ich noch ... Ich merke, wie ich in den Rettungswagen geschoben werde. Das habe ich beim Bundesheer als Sanitäter hunderte Male gemacht.

Ich muss doch noch so viel tun, so viel ... Mit dem Gefühl, noch tausend Sachen erledigen zu müssen, falle ich ins Koma.

In einem Dämmerzustand registriere ich, dass wir im Spital sind. Das hektische Treiben der Sanitäter bekomme ich noch mit, dann wird es absolut finster. Zumindest kann ich mich an nichts mehr erinnern. Es gab kein Leben, das noch einmal vor dem inneren Auge abläuft, und auch kein überwältigendes Licht. Gut, ich war vielleicht auch noch nicht wirklich am Sterben.

Fünf Wochen später, vermutlich in der Aufwachphase

Atmen nicht vergessen, Herr Mader! Herr Mader, das Atmen nicht vergessen!«

Was will denn der? Lass mich doch schlafen!

»Herr Mader, atmen nicht vergessen!«

Warum sollte ich denn das Atmen vergessen?

»Atmen nicht vergessen, Herr Mader!«

Ich atme nicht, aber meine Lunge füllt sich mit Sauerstoff. Aha, ich werde künstlich beatmet. Das ist ein gutes Gefühl.

Ich fasse es nicht, jetzt nerven mich abwechselnd ein Mann und eine Frau. Beide sind sehr aufdringlich, richtig unangenehm. Ich weiß, ich bin im Koma oder Tiefschlaf und sollte aufwachen. Es wäre aber schöner, noch zu schlafen.

Ich hatte im künstlichen Koma Wachphasen, wo ich meine Frau hörte, die leise auf mich einredete, ich solle doch munter werden. Ich war aber müde und wollte schlafen. Dann gab es die Schlafphase, in der ich von der Karibik träumte und dabei glücklich und zufrieden war.

Es ist ja so, dass meine Frau erst jetzt, wenn ich aufwache, wissen wird, ob ich sie kenne oder ob die schlimmsten Prognosen der Ärzte zutreffen. Anuschka wurde erklärt, dass die Blutung im Stammhirn im III. Ventrikel erfolgte und sehr heftig war. Sie müsse sich das so vorstellen, als wenn man bei einem Computer mit gezogenem Stecker ein Programm finden wolle – also nichts geht mehr und Null Hoffnung. Falls ich überlebte, würde ich komplett gelähmt sein, beatmet werden müssen und wäre ein Schwerstpflegefall.

In den ersten beiden Wochen schliefen Anuschka und Denise auf den Bänken im Park vor dem Spital, sie frühstückten im Café der Klinik, nur zum Duschen fuhren sie heim und als es zu kalt wurde. Sie brachten frisches Gebäck und Krapfen für die Ärzte, Pfleger, Therapeuten und Krankenschwestern mit auf die Intensivstation. Weil sie auch bei meiner Pflege mithalfen, ließ das Personal sie gewähren. So konnten sie den ganzen Tag bei mir sein.

Mein Koma dauerte fünf Wochen, und ich hätte mich wahrscheinlich zum Sterben entschlossen, wenn da nicht meine Schwägerin Erika gewesen wäre. Denn ich hatte die Wahl! Schlafen und dabei zu sterben wäre schöner gewesen als die langwierige Therapie, die auf mich wartete. Ich wusste nämlich auch in diesem künstlichen Koma, was auf mich zukommen würde.

Anuschka sitzt an meiner rechten Seite und spricht leise und beruhigend auf mich ein. Hm, wenn meine Frau hier ist, kann ja nichts passieren. Ich schlafe ganz einfach behütet weiter und ignoriere die Stimmen.

Ja, jetzt bin ich wieder in der Karibik auf meinem Schiff. Herrlich! Wir ankern vor Sandy Cay, einer kleinen karibischen Insel etwa drei Seemeilen westlich von Tortola. Irgendwer setzt mir eine Taucherbrille auf. Die ist ja voll mit Gel! Ach ja, damit meine Augen nicht austrocknen, logisch. (Ich verwechsle die Realität mit dem Traum. Mir wurde tatsächlich eine Brille mit Gel aufgesetzt, das war in der zweiten Woche.)

Erika ist auch da und ich höre Denise singen. Anuschka hat mir Kopfhörer mit Musik von der CD von Denise aufgesetzt. Die Lieder, die sie singt, sind momentan meine Lieblingsmusik. Mein Schwager Herbert ist sicher in der Firma, der Arme muss jetzt meine Arbeit auch übernehmen.

»Manfred, atme, du musst atmen!«, höre ich Erika sagen. Mir scheint, sie wird immer lauter. Jetzt klopft sie mit der flachen Hand auf meine Brust: »Atme da hinein, sonst stirbst du. Du kannst dich nicht einfach davonmachen, das ist zu billig! Anuschka und Denise brauchen dich noch!«

Wow, jetzt kann ich verstehen, dass Herbert und meine Neffen strammstehen, wenn Erika zornig wird. Herbert erwähnt das immer im Spaß, wenn er seine Frau ärgern will. Dabei duckt er sich und hebt die Hände wie zur Abwehr von Schlägen. Also gut, ich mache die Augen auf. Stimmt, ich bin im Spital und dürfte überlebt haben.

»Er ist munter, er wacht auf. Manfred, kennst du mich?«

»Ja klar, Anuschka, mein Liebes.« Meine Augen sind verklebt, ich sehe alles verschwommen. »Denise, das habt ihr gut gemacht, ihr habt mich rechtzeitig ins Spital gebracht, danke. Wo liege ich eigentlich?«

Dr. Zulu stellt sich vor. »Sie sind im AKH, auf der Intensivstation. Können Sie mir sagen, wann Sie geboren sind, Herr Mader?«

»Ja, am 13. November 1951.«

»Dann wissen Sie auch das Geburtsdatum Ihrer Tochter?«

»Das ist der 8. Januar 1976.«

»Und Ihr Hochzeitstag?«

»Oh, im Juni, aber der Tag ... der 21. oder 22. vielleicht ... und war das 1974 oder 1973?« Gelächter rundherum.

»Das ist ja klar, den Hochzeitstag vergisst er!«, gibt Denise ihren Kommentar dazu.

»Wissen Sie, was passiert ist?«, fragt Dr. Zulu weiter.

»Ja, ich hatte einen Schlaganfall.«

»Nein, Herr Mader, Sie hatten eine Hirnblutung.«

Ja richtig, ich habe doch gespürt, wie das Blut in meinem Kopf ausgetreten ist. Dr. Zulu sagt mir, dass ich gelähmt bin, aber mit der Zeit alles wieder lernen kann. Die grauen Reservezellen übernehmen die Funktion der abgestorbenen Zellen.

An mir hängen überall Schläuche. Auch am Kopf, der aufgebohrt wurde, ist eine Drainage gelegt. Ich bin froh, dass ich nicht entdeckelt werden musste. Einen Katheter haben sie mir gesetzt und in der Nase steckt der Schlauch einer Magensonde. Außerdem bekomme ich jede Menge Infusionen.

Die Schläuche sind sehr unangenehm. Wegen der Infektionsgefahr lässt Anuschka mich nicht an den Kopf greifen. Ich lasse es bleiben, ich bin auch zu müde dazu.

Dr. Zulu möchte ein paar Tests mit mir machen und klopft mit einem kleinen Metallhämmerchen an mir herum. Ich spüre nichts. Das Atmen fällt mir schwer, so als läge eine schwere Last auf meiner Brust. Mit den Schläuchen in der Nase geht das aber auch schlecht.

Die Schläuche müssen raus! Ich spiele damit so lange, bis sie draußen sind. Eine Ärztin meckert, aber das ist mir egal. Die Magensonde und der Katheter waren sehr unangenehm, jetzt sind sie weg und das ist besser so.

Ich bin müde und tauche wieder ab in die Karibik. Ich schlafe viel, und wenn ich wach bin, befinde ich mich in einem Dämmerzustand. Es wechselt die Karibik mit den Besuchern. Anuschka und Denise sind immer da.

Vor dem Einschlafen fürchte ich mich. Ich werde doch nicht zu atmen vergessen? Ich muss mich erst daran gewöhnen, selber zu atmen. Manchmal bekomme ich eine Sauerstoffzufuhr, dann wird Sauerstoff an meiner Nase vorbeigeblasen. Das ist herrlich, es müsste überhaupt nicht aufhören.

Zeitweise bin ich aber auch ganz klar und kann mit Anuschka sprechen, manchmal sogar ein wenig scherzen.

Herbert versichert mir, dass ich mir keine Sorgen zu machen brauche. »Da musst du jetzt durch, dann sehen wir weiter«, erklärt er.

Langsam dämmert mir, dass ich mit einer Lähmung meinen Beruf aufgeben muss. Jetzt mache ich mir erst recht Sorgen. Was mache ich, wenn ich nicht mehr arbeiten kann?

Wir bekommen Krankengeld und Herbert kümmert sich um unsere Finanzen. Er lässt mir ausrichten, dass er mich so bald wie möglich wieder in unserer Firma haben möchte. So eine kleine Lähmung haut doch den »Fredi« nicht um!

Meine Mutter hat ihren Urlaub abgebrochen und ist von Tunesien zurückgekommen. Ich bin froh, dass ihre Schwester Traude mit nach Hause geflogen ist. Mein Vater und Klaus holen die beiden in Graz ab, da kein anderer Flug zu bekommen war.

Ich bin glücklich, in dieser Familie zu leben. Jeder ist für jeden da und jetzt sind alle für mich da. Wenn ich mich bedanken will, winken sie ab, mit der Begründung, dass ich das ja auch gemacht hätte.

Sandy Cay liegt in meinem Traum gleich links von Gibraltar, und in einer geschützten Bucht liegt unser Charterboot, die »Ariane«. Zum Auslaufen brauche ich aber die Seekarten und das Steiner Fernglas, ohne diese Dinge ist mir eine Atlantiküberquerung zu riskant. Ich bitte Denise, mir die Gegenstände zu bringen. Ich frage sie, ob Dusche und Toilette noch an derselben Stelle des Schiffes sind, denn ich muss aufs Klo und duschen will ich auch. (Für mich war die damalige Situation sehr realistisch und ich dachte ganz selbstverständlich, die Karibik sei dort und wir würden den Atlantik überqueren.)

Jörg und Robert, mein Pfleger und mein Therapeut, richten mich öfter auf und klopfen mir den Rücken ab. Das ist sehr angenehm, sie könnten das stundenlang machen. Anuschka fordert mich auf, mal alleine zu sitzen. Ich kann es nicht, nicht einmal eine Sekunde lang. Ich kippe sofort weg, aber Anuschka fängt mich auf.

Jörg füttert mich mit Huhn und Reis. Es schmeckt sehr gut, ich will bitte mehr! Ich lade ihn dafür in die Karibik ein. Anuschka gibt zu bedenken, dass wir uns das jetzt nicht mehr leisten könnten. Ich erkläre ihr, es sei schon immer mein Wunsch gewesen, Kapitän auf einem Charterschiff zu sein. Die Gäste bezahlen für das Schiff und als Kapitän fahre ich umsonst. Das machen viele Charterskipper so.

Ich glaube, sie hat mich nicht verstanden. Na ja, ein anderes Mal. Ich bin müde und schlafe ein.

Ich werde von Zeit zu Zeit abgesaugt, denn wenn ich meinen Speichel schlucke, verkutze ich mich derart, dass mir schwarz vor Augen wird. Ich hatte deswegen schon eine Lungenentzündung überstanden.

Manchmal bin ich im Rollstuhl angebunden, damit

ich nicht rausrutschen kann und mich daran gewöhne. Jörg erklärt mir, wenn ich ins Rehabilitationszentrum Rosenhügel will, muss ich im Rollstuhl sitzen können, sonst nehmen die mich nicht.

Irgendwer hat einen Fernseher aufgestellt, es läuft »Tom und Jerry«. Ich muss lächeln, ich freue mich darüber, aber es ist mir doch zu anstrengend.

Die Monate am Rosenhügel

Plötzlich geht alles sehr schnell: Man befördert mich auf das Transportbett, in den Aufzug, in den Krankenwagen. Mir wird gesagt: »Wir bringen Sie auf den Rosenhügel, Herr Mader.«

Ich glaube, den kenne ich. Vom Internat aus waren wir dort oft spazieren. Hoffentlich findet mich meine Anuschka.

Zuerst bringen mich die Sanitäter auf die Intensivstation des Rehazentrums. Ich bin hier fremd, werde aber gleich umsorgt. Ich kann aus einem Fenster schauen und sehe Schnee auf den Dächern. Ist es nicht erst September? Wie lange war ich denn im AKH?

Eine sympathische Krankenschwester, sie scheint türkischer Herkunft zu sein, und eine Schülerin ziehen mir einen Kondomkatheter (Urinalkondom) über. Der ist angenehmer als der normale. Oje, ich habe schon wieder blöde Gedanken. Um mich abzulenken denke ich an den Schnee und an die Türkei, wo wir beinahe einen Katastrophenurlaub erlebt hätten. Das war im letzten Frühjahr, als wir mit Herbert und Erika ein Gullit (türkisches Schiff) charterten. Der erste Eindruck war grauenhaft. Ich wunderte mich noch, dass Anuschka die Schuhe auszog, als sie an Bord ging. Man hätte sich eher die Schuhe vom Schiff dreckig gemacht als andersherum. Kaum an Bord, legten wir schon ab. Wir wurden zu einem Schnaps gebeten. Ein Blick in die Runde: Erika und Anuschka saßen still in einer Ecke, Herbert war grün im Gesicht. Diesel- und Klogeruch, dazu ein leichter Wellengang. Ich ergriff die Initiative und bat den Kapitän, umzudrehen. Wir zogen stattdessen in ein Hotel. Diese Entscheidung war richtig und es wurden dann doch noch ein paar schöne Tage.

Ja, Anuschka ist da, sie hat mich gefunden. Jetzt ist mir wohler. Sie begrüßt mich mit einem dicken Busserl. Nun werde ich gut schlafen, ich bin wieder behütet von meiner Frau.

Ich habe eine unangenehme Klemme an meinem kleinen Finger. Immer wenn ich sie wegnehme, fängt es irgendwo an zu piepsen. Denise hilft mir, den Apparat zu überlisten: Sie übernimmt die Klemme an ihren eigenen Finger.

»Herr Mader, das ist nicht zum Spielen da!«, keppelt es von irgendwoher.

B1 heißt die Station, wo ich für längere Zeit bleiben werde. Anuschka und Denise bringen mich in mein neues Zimmer im ersten Stock. Wir fahren mit dem Aufzug hinunter. Das ist gar nicht so einfach. Ich wusste nicht, dass ich so viel »Zeug« habe. Anuschka plagt sich mit dem Rollstuhl, der ist schon ein älteres Baujahr.

Im Gang stehen ein paar Leute vor einem großen Aschenbecher und rauchen. Eine Rampe, gewissermaßen eine halbe Stockwerkhöhe ohne Stufen, natürlich rollstuhlgerecht. Ein Kaffee- und ein Getränkeautomat stehen neben der automatischen Tür, die sich dauernd öffnet und schließt, wenn draußen jemand vorbeigeht. Links versperrt eine schwere Metalltür mit geripptem Glaseinsatz den Weg auf die Station B1. Anuschka könnte jetzt eine zusätzliche Hand brauchen. Sie hält mit einer Hand die Tür auf und mit der anderen schiebt sie mich durch. Für meine Frau ist das ganz schön anstrengend, aber sie schafft es mit einer Leichtigkeit, die ich ihr nicht zugetraut hätte.

»Mama, du bist ein Wahnsinn!«, bewundert Denise ihre Mutter.

Ich werde von einer sehr lieben, sympathischen Schwester begrüßt und Anuschka verschwindet mit ihr in einem Nebenraum. Sie muss einiges unterschreiben. Ich habe Zeit, mich ein wenig umzuschauen.

Was ist das? Ein Café, ein Speisesaal oder ein Aufenthaltsraum? Wahrscheinlich alles zusammen. Ich sehe ein paar ältere Patienten an den Tischen sitzen. Pfleger und Krankenschwestern wuseln herum. Aha, dort in der Ecke ist die Toilette, ich kann hineinschauen, wenn die Tür aufgeht. Ich fühle eine Depression aufkommen, ungefähr so wie bei meinem ersten Schultag. Alles ist neu und fremd. Der Spitalsgeruch tut das Übrige dazu. Mir kommt es vor, als rieche es schon nach Verwesung. Aber das bilde ich mir sicher nur ein.

Denise lenkt mich ab. »Sieh mal, hier kannst du durchs Fenster in den Garten schauen, und einen Kaffee trinken kannst du auch. Ich sehe dich schon hier Zeitung lesen!«

Anuschka ist fertig und wir fahren in mein neues Zimmer gleich links am Ende des Aufenthaltsraums.

Zimmer Nummer 21. Anuschka klopft an, und wiederum nur mit zwei statt der eigentlich nötigen drei Hände schiebt sie mich in das Zimmer.

Sechs Betten, zwei Fenster, ein Tisch, drei Sessel, ziemlich große Nachtkästchen, ein Waschbecken mit Vorhang und Schränke für die Kleidung.

Ein Patient steht neben seinem Bett und frisiert sich. Als er uns bemerkt, stellt er sich als sogenannter »Platzhirsch« vor und zeigt uns mein Bett. Es kann nur dieses sein, denn alle anderen sind belegt. Wir warten trotzdem lieber auf die Schwester, die auch gleich kommt. Sie entschuldigt sich, es sei soo viel zu tun. Das kann ich mir vorstellen: Fünf bis sechs Zimmer, alle belegt mit sechs Patienten, das heißt ungefähr 30 Patienten sind zu betreuen. Die Schwester bringt Bettwäsche und fängt gleich an, das Bett zu überziehen. Anuschka und Denise helfen ihr dabei. Langsam werde ich müde. Die Schwester – wie heißt sie gleich noch mal? – möchte meiner Frau den »Transfer« zeigen. Ich muss mir die Namen merken, sonst glauben die hier noch, ich bin blöd!

Anuschka kapiert sofort, wie der Transfer geht, wo man hingreift, wie man das Knie unterstützt. Sie will es gleich mit mir üben. Aber ich muss es auf morgen verschieben, ich bin erschöpft und kann nicht mehr.

Eine Schwester Margit kommt herein und ist mir auf der Stelle unsympathisch.

»Ja, wo gibt's denn so was, um zehn Uhr noch im Bett? Raus aus den Federn! Bis zum Mittagessen bleiben Sie im Rollstuhl sitzen. Am Nachmittag können Sie ein bisschen schlafen.«

Anuschka erklärt ihr, dass ich gerade erst von der Intensivstation gekommen und jetzt erschöpft bin. Ja, meine Frau setzt sich durch und ich darf schlafen. Ich weiß nicht, was ich ohne sie gemacht hätte. Ich hätte die Schwester nicht einmal wegstoßen können, so schwach bin ich. Die hätte mich glatt vergewaltigt.

Das Zimmer ist nicht gerade eine Fünf-Sterne-Unterkunft, aber es ist doch recht gemütlich, besonders wenn Anuschka bei mir sitzt und strickt. Nach und nach kommen alle Mitpatienten. Jeder hat etwas zu tun: umziehen, Schuhe aus- und Hausschlapfen anziehen, zum Mittagessen fertig machen. Aber niemand legt sich nieder. Es wird ruhiger und ich kann einschlafen.

»Manfred«, weckt mich meine Frau, »die Ärzte sind da.«

»Herr Mader, ich bin Dr. Mühlbacher und das ist Dr. Benedikt. Wie geht es Ihnen?«

»Ich bin noch nicht ganz wach«, antworte ich.

»Wir möchten ein paar Untersuchungen machen, aber wir warten, bis Sie munter sind.«

Oh Gott, was passiert plötzlich mit mir? Es schüttelt mich, meine linke Seite krampft sich zusammen, die Finger der linken Hand biegen sich nach außen, ich bekomme kaum Luft. Dr. Benedikt hält mich mit beiden Händen an der Hüfte fest und Dr. Mühlbacher umklammert mein linkes Bein. »Das ist ganz normal«, will er mich beruhigen. »Das kann vorkommen, es vergeht wieder.«

Tatsächlich normalisiert sich mein Zustand gleich darauf.

»Was war denn das?«, fragt Anuschka besorgt.

Dr. Mühlbacher erklärt uns, es handle sich um einen sogenannten Klonus, der aber nicht von Bedeutung sei. Das sagt er so einfach, denke ich, das hat schließlich wehgetan. »Kommt so etwas oft vor?«, frage ich ihn.

Er kann es nicht verneinen und muss gestehen, dass

die Medizin noch nicht so weit ist, um klare Antworten zu geben. »Hier forschen wir noch. Aber eines kann ich Ihnen versprechen: Im Hirn gibt es Millionen Reservezellen, die die Funktion der abgestorbenen Zellen übernehmen können.«

Von diesen Hirnzellen habe ich bei meiner Ausbildung zum Zahntechniker und zum Sanitäter gehört. Mein Misstrauen weicht Zuversicht. »Das heißt also, ich werde wieder gehen und meine Hand einsetzen können wie früher?«

»So viel Hoffnung möchte ich Ihnen nicht machen, doch es besteht eine gute Chance. Unzählige Menschen können wieder ein normales Leben führen, aber manche bleiben auch ein Pflegefall. Wie gesagt, hier sind wir noch nicht so weit, eine klare Antwort geben zu können. Es kommt natürlich auch auf Sie an, wie Sie mit der Situation umgehen können.«

Ich komme damit klar! Ich werde wieder gehen und arbeiten können. Ich bleibe bestimmt kein Pflegefall! Die kennen mich noch nicht, in vierzehn Tagen bin ich hier wieder draußen. Meine Familie braucht mich und Herbert kann meine Arbeit nicht auch noch übernehmen. Ich habe den unbändigen Willen: Vierzehn Tage, höchstens drei Wochen werde ich brauchen!

»Herr Mader, können Sie meine Finger sehen?« Dr. Mühlbacher bewegt seine Finger etwa zehn Zentimeter neben meiner linken Gesichtshälfte. Ich kann sie deutlich sehen.

»Na, das ist ja schon einmal gut.« Er hebt meine linke Hand und lässt sie fallen, plumps, ich kann nichts dagegen machen. Dasselbe macht er mit meinem linken Bein. »Das ist nicht schlecht, Herr Mader, diese Aktion löst noch keinen Klonus aus.«

Beide Ärzte klopfen noch ein wenig an mir herum und Dr. Mühlbacher meint: »Ich denke, Sie werden wieder ein halbwegs normales Leben führen können. Ich notiere ein paar Medikamente, die Sie einnehmen müssen. Außerdem verordne ich Ihnen Physiotherapie, die Schwester sagt Ihnen dann wann und wo. Mit Ihrer Therapeutin werde ich anschließend das weitere Vorgehen besprechen.«

Die beiden Ärzte verabschieden sich und Dr. Mühlbacher verspricht, einmal am Tag zur Visite zu kommen und meine Fortschritte zu begutachten.

»Das sind nette Ärzte«, meint Anuschka, und Denise ist der gleichen Meinung.

»Mama, geh du jetzt mal auf einen Kaffee und eine Zigarette.«

Anuschka nimmt den Vorschlag dankend an und ich bin mit Denise allein.

»Hat Mama noch nicht geraucht, seit wir hier sind?«, frage ich sie.

»Doch, wir haben uns abgewechselt. Soll ich mal die Fenster öffnen? Hier drin stinkt es wie in einem Hasenstall!«

»Ja, bitte lüfte ordentlich, bevor die anderen zurückkommen.«

Meine Frau kommt kurz darauf wieder und meint, das sei eine gute Idee, das habe sie vorher auch schon machen wollen. »Sag, Manfred, hast du keinen Hunger?«

»Nein, ich möchte nichts!«, antworte ich, denke aber, dass ich ja nicht schlucken kann. Ich habe probiert, meinen Speichel zu schlucken, und mich dabei sofort verschluckt. Der Hustenanfall löste dann auch gleich einen Klonus aus. Davor habe ich Angst. Aber essen muss ich irgendwann, deshalb probiere ich das Schlucken gleich einmal heimlich. Konzentration – und runter damit! Super, ich habe geschluckt! Ich muss mich nur darauf konzentrieren und den Kopf auf die linke, betroffene Seite drehen. Wieder ein kleiner Schritt zur Besserung! Eigentlich unglaublich, worüber man sich freuen kann. Ich werde schlucken, schlucken, schlucken! Yeah, mir wird kein Speichel mehr unkontrolliert aus dem Mund rinnen! Aber essen möchte ich doch noch nichts, ich trau mich noch nicht und ich habe auch keinen Hunger. Ich könnte mir das Essen überhaupt gleich abgewöhnen. Früher wäre ich froh gewesen, wenn mir das Hungern so leicht gefallen wäre.

»Pfau, da hat's an Zapf'n, wer hat denn da die Fenster aufgerissen?« Rudi schließt sie und meint dann: »Na gut, lüften muss man ja auch mal.«

Ich schaue zu meiner Tochter und wir müssen unweigerlich lachen. Ein Blickkontakt reicht, und wir können uns nicht mehr einkriegen. Wir haben die gleiche Wellenlänge. Ich weiß, was sie denkt, und umgekehrt. Wenn jetzt jemand fragend in die Runde schaut und sich nicht auskennt, bringt uns das noch mehr zum Lachen. Das dauert manchmal bis zu zehn Minuten. Es ist furchtbar, ich darf sie nicht mehr anschauen, sonst geht es wieder los. Trotzdem, der Lachanfall hat gutgetan, sogar den Klonus konnte ich ignorieren. Die Spastik ist auch nicht mehr so schlimm wie vorher.

Ich beginne mich zu beobachten und versuche, verschiedene Situationen zu analysieren. Ich bin linksseitig gelähmt, den Schüttelkrampf nennt man Klonus, die einfache starke Muskelspannung nennt man Spastik. Ich muss mir das merken, denn wenn ich mit den Ärzten rede, sollte ich wissen, wovon ich spreche.

Mit meiner Analyse fange ich beim Kopf an. Ich verstehe alles und ich kann mich selber verständlich machen. Ich glaube, das ist alles wie vorher, da hat sich nichts verändert. Meine Augen sind okay, bis auf das Schwindelgefühl, aber ob das mit den Augen zusammenhängt, muss ich den Arzt fragen. Die Wange auf der linken Seite spüre ich nicht, die Nase und auch die Zunge nur zur Hälfte. Deshalb beiße ich mir öfter rein. Da muss ich aufpassen, denn Schmerzen fühle ich komischerweise, nicht stark, aber immerhin. Mit meiner rechten Hand wische ich mir manchmal über Lippen, Nase und Augen, denn so kann ich spüren, ob irgendwo etwas herausrinnt. Das ist mir sehr unangenehm. Ich bitte Anuschka, mich dann darauf hinzuweisen. Sie richtet auch gleich Taschentücher her, damit ich sie bei Bedarf selbst nehmen kann.

Ich habe geschluckt, es geht. Ich muss mich nur sehr darauf konzentrieren. Je höher der Tonus (Stärke der Muskelspannung), umso schlechter kann ich atmen und natürlich auch schlucken. Der Tonus ändert sich andauernd, er ist mal hoch, mal niedrig. Ich muss aufpassen, wovon das abhängt.

Gähnen und Husten steigern den Tonus und lösen fast immer einen Klonus aus. Darauf werde ich achten. Auch auf meinen linken Arm muss ich aufpassen, sonst vergesse ich ihn noch irgendwo. Einmal habe ich mich auf die rechte Seite gedreht und dann wieder zurück auf den Rücken, das kann ich, wenn ich mich am Gitter festhalte. Danach konnte ich meinen linken Arm nicht mehr finden. Es war verrückt! Da, wo er sein sollte, war nichts. Anuschka hat mir dann geholfen. Ich hatte darauf gelegen und es nicht gemerkt.

Der linke Arm, das linke Bein, die linke Schulter – die gesamte linke Hälfte – sind so, als würde nichts davon zu mir gehören. Genauso gut könnte totes Fleisch neben mir liegen. Mir fallen auch verschiedene Situationen in Bezug auf meinen Arm und meine Hand auf: Manchmal streckt sich der Arm und die Finger biegen sich nach außen, manchmal beugt sich der Arm, sodass die Hand bis zu meinem Gesicht kommt, dabei werden die Finger zu einer Faust. Ich kann die Finger nicht einmal mit Gewalt öffnen, sie würden brechen. Dann wieder ist alles locker und der Arm rutscht mir aus dem Rollstuhl, ohne dass ich es merke. Mit dem Bein verhält es sich ähnlich.

Wieso ist das so? Ich habe so viele Fragen, die ich meinem Arzt stellen will. Hoffentlich vergesse ich nichts. Ach ja, auch meine Sprache ist manchmal undeutlich, besonders wenn der Tonus hoch ist. Ich frage Anuschka und Denise, ob sie mich verstehen können. Sie versichern mir, dass man nichts davon merkt.

Anuschka erzählt mir von den fünf Wochen im Koma. Ein Arzt hatte ihr Hoffnung gemacht, der andere die schlimmsten Prognosen gestellt. »Wenn Ihr Mann überleben sollte«, hatte er gesagt, »wird er ein totaler Pflegefall sein, das heißt komplett gelähmt. Er wird über eine Sonde ernährt werden müssen, braucht Katheter und Windeln. Wenn Sie Beziehungen zu einer Rehaklinik haben, nutzen Sie sie. Allein zu Hause können Sie diese Pflege nicht leisten.«

Meine Frau war verzweifelt, sie hat im Geist schon unser Haus umgebaut. In ein Pflegeheim wollte sie mich nicht geben. Nur eins war ihr wichtig: Dass ich sie erkennen würde, wenn ich aufwache.

Alle unsere Kunden versicherten ihr, sie würden alle Hebel in Bewegung setzen. Dem Zahnarzt Peter Stockhammer gelang es, mich im neurologischen Krankenhaus Rosenhügel unterzubringen. »Danke, Peter!« (Leider hat Peter Stockhammer ein paar Jahre später eine ähnliche Situation nicht überlebt. Ich weiß, dass es nicht schlimm ist, so zu sterben, aber für die Angehörigen ist dieser Tod schrecklich und eigentlich unbegreiflich. Seine Familie wird immer einen Platz bei uns finden.)

Meine Frau hat eine unglaubliche Kraft! Sie hätte alles getan, um mich am Leben zu erhalten. Jetzt blickt sie schon optimistischer in die Zukunft. »Ich schleppe dich zu jeder Therapie und hole dich wieder ab, egal, was das kostet, und wenn ich putzen gehen muss!«, erklärt sie.

Meine Augen werden glasig, links rinnen schon die Tränen, rechts kann ich sie noch zurückhalten. Ich kann gegen den Tränenfluss im linken Auge nichts machen. Früher konnte ich meine Gefühle verbergen, aber so einfach geht das nicht mehr. Verdammt, ich will nicht heulen! Ich nehme mir vor, nicht wie meine Großmutter zu werden, die ihr ganzes Leben lang leidend war. Da nerve ich ja meine Umwelt.

Ich habe viel Zeit zum Nachdenken. Was werde ich in der Zukunft machen? Ich will Pläne schmieden. Ich habe doch stets behauptet, ich würde immer einen Job finden, egal, was passiert. Jetzt ist die Situation da. Also, was mache ich? Außer meinem Beruf als Zahntechniker kann ich nichts, aber diesen Beruf werde ich nicht mehr ausüben können.

Ich hatte im Alter von etwa fünfzehn Jahren eine Lehre als Zahntechniker begonnen und arbeitete bis zu meiner Krankheit in unserem Labor. Vor 25 Jahren hatten mein Schwager Herbert und ich uns selbstständig gemacht. Wir waren schon in der Berufsschule Freunde gewesen und heirateten später zwei Schwestern, er Erika und ich die etwas jüngere Anuschka. Es war von Anfang an selbstverständlich, dass wir alle vier in unserer Firma arbeiten. Herbert war 24 und ich 23 Jahre alt, als wir die Chance dazu ergriffen. Der Zufall wollte es, dass er ein Inserat über den Verkauf eines Labors in einer Zeitung entdeckte und auf gut Glück anrief. Wir nahmen einen Kredit auf und mein Vater gab uns Geld für Notar und Rechtsanwalt. Peter Stockhammer war schon bei unserem Vorgänger Kunde gewesen, ebenso wie weitere Kunden, die dem Labor treu blieben. Dadurch ist uns der Anfang relativ leicht gefallen. Wir arbeiteten Tag und Nacht, bemühten uns, beste Arbeit zu liefern, und waren immer verlässlich.

Zwischendurch baute ich zusammen mit meinem Vater unser Haus. Ohne ihn wäre es allerdings heute noch nicht fertig, denn alleine hätte ich es nicht gekonnt. Aber damals lernte ich eine Menge Berufe: Architekt, Maurer, Zimmermann, Spengler, Dachdecker, Installateur, Elektriker usw.

Nur: Dazu braucht man beide Hände! Also, welche Möglichkeiten habe ich? Mir fällt nichts ein außer Telefonist oder Arbeit am Computer. Ich hasse Computer! Jedes Kind kann damit umgehen – ich kann ihn nicht einmal einschalten. Das Interesse dafür hält sich auch in Grenzen.

Und was sind meine Hobbys? Tennis, Reiten, Fliegenfischen, Booturlaube, Lesen, Segelabenteuer und Donald Duck. So reich wie Dagobert müsste man sein, dann wäre es einfach. Ich bitte meine Frau, mir Donald-Duck-Comics zu bringen. Ich habe eine ganze Menge davon zu Hause. Bei jedem Urlaub habe ich mich mit dieser Unterhaltungsliteratur eingedeckt. Die ist leicht zu lesen, und wenn man einschläft liest man später einfach irgendwo weiter. Genau das Richtige für einen Spitalaufenthalt. Diese Bücher kann ich gut halten und ich brauche nicht viel zu denken. Bücher über das Segeln sind zu schwer und anstrengend zu lesen.

Mein Plan vom eigenen Schiff

Die Boote gehen mir nicht aus dem Kopf. Anuschka erzählt mir, dass ich viel davon gesprochen habe, wenn ich halb wach war. Ich erinnere mich, ich träumte ja, ich wäre auf einem Schiff.

Ein Boot – mein Boot –, das wäre es! Und dann noch so reich wie Dagobert! Aber wie? Das Schiff müsste allerdings behindertengerecht und mit einer Hand zu bedienen sein. Aber das muss doch zu machen sein!

Na ja, ich träume halt! Aber ich wäre nicht ich, wenn ich nicht zumindest Pläne machen würde. Ich baue mir mein Schiff. Nur, wie werde ich es verwirklichen? Egal, ich plane ja nur, über die Finanzierung denke ich später nach. Das macht mir großen Spaß, jetzt habe ich viel zu tun und ich muss ohnehin etwas gegen die Langeweile unternehmen.

Ich träume ja schon lange vom »Aussteigen« mit einem Segelschiff, es war halt nicht zu verwirklichen. Es ging nicht nur um den Kaufpreis. Der Lebensunterhalt musste ja auch verdient werden, wie ein Vagabund leben wollte ich schließlich nicht. Ich hätte meinen Beruf aufgeben und alles verkaufen müssen. Das Kapital wäre schnell verbraucht gewesen. Später, wenn wir in Rente sind, bekommen wir drei größere Lebensversicherungen ausbezahlt. Davon könnte ich ein Schiff bauen lassen, und von der Pension leben wir. Auf meinen Lebensstandard möchte ich ja nicht verzichten.

Gut, das soll jetzt nicht mein Problem sein. Erst einmal der Plan: Segelschiff oder Motorboot, Größe, Länge, Breite, Tiefgang ...? Ein Motorsegelschiff, wie es sie in der Türkei gibt, ein Gullit. Das könnte ich auch gleich dort bauen lassen, da kriegt man für rund eine Million Schilling schon was ganz Ordentliches. In der Türkei werden Holzschiffe gebaut, die sind aber mühsam zu pflegen. Mein Schiff soll mit Glasfaserkunststoff beschichtet werden. Der verrottet nicht, ist leicht zu pflegen und stabil.

Für einen Bootsurlaub in Kroatien hatten wir mal ein Schiff gechartert mit 18 Meter Länge, 6 Meter Breite, 1,5 Meter Tiefgang, zwei 250-PS-Dieselmotoren und passenden Segeln dazu. So eins würde mir schon gefallen. Ich möchte keine Regatta gewinnen, ich will bequem und sicher von einem Hafen zum anderen kommen. Eine komfortable Weltumsegelung. Und wo es uns gefällt, da bleiben wir ein paar Monate. Ein Deck wie bei dem Charterschiff wäre ideal. Wir waren neun Personen, da war richtig schön Platz für alle. Man könnte sagen, ein Schiff mit einer 30 Quadratmeter großen Terrasse. Durch das Dach wäre auch überall genug

Schatten, das ist in heißen Zonen sehr wichtig, und vor Regen schützt es auch.

Gut, aber brauche ich mit meiner Frau ein so großes Schiff? Wir müssen es alleine bedienen können. Also brauchen wir alle Hilfsmittel, die möglich sind: elektrische Winschen, Bug- und Heckstrahlruder, Autopilot, Radar, GPS, Kartenplotter, Rollreffanlage usw. Heute kann man diese Dinge schon alle vernetzen. Theoretisch kann man ein Schiff ohne Besatzung um die Welt schicken. Alles wird mit dem Computer gesteuert. So wie es aussieht, muss ich mich doch mit dem Computer auseinandersetzen.

Aber wie komme ich rauf auf mein Schiff? Die Passerella (Gangway) ist für einen Rollstuhl zu schmal. Ich werde es so planen, dass sich das Heck hydraulisch öffnen lässt, dann komme ich mit Hilfe sicher hinein. Ein paar Stufen werde ich bis dahin schon steigen können. Wenn sich das Heck öffnen lässt, kann ich auch gleich eine Beibootgarage planen. Mit dem Beiboot an den Davids plagen sich sonst zwei starke Männer. Allerdings, mit einem elektrischen Kran würde es auch gehen. Ich kann ja beides einplanen. Natürlich muss alles auf Knopfdruck zu bedienen sein. Ich bin schon neugierig, welche Elektrik zuerst ausfallen wird.

Die Küche ist auf allen Schiffen irgendwo im letzten Winkel untergebracht. Meine Frau wäre dann beim schönsten Wetter unten eingesperrt. Ich plane unsere Küche an Deck. Warum nicht im überdachten Freien kochen? Da ist es auch nicht so heiß, das wird Anuschka gefallen.

Rund ums Schiff werden Kameras angebracht, und die Monitore beim Steuerstand, damit ich den Überblick nicht verliere. Außerdem brauche ich eine Brause an Deck, denn ins Wasser komme ich nicht so leicht. Warum eigentlich kein Whirlpool? Das wäre sicher möglich, ist alles eine Preisfrage. Ich muss halt so viel wie möglich selber machen – lassen. Vielleicht hilft mein Vater? Ich plane einmal so, als wäre ich reich und Geld spiele keine Rolle.

Eine Klimaanlage und eine Heizung dürfen unter Deck natürlich auch nicht fehlen. Auf Gas möchte ich verzichten, daher benötige ich zwei bis drei ordentliche Dieselgeneratoren. Ich will vom Land so unabhängig sein wie möglich, also braucht es auch eine Meerwasserentsalzungsanlage. Eiskästen und Tiefkühltruhe werde ich bei einer vierwöchigen Atlantiküberquerung sicher schätzen lernen. Den Salon kann ich klein halten, dort hält man sich die wenigste Zeit auf, außer es ist kalt, und dann ist er auch leichter zu heizen. Lieber plane ich die Kabinen etwas größer, alle mit Dusche und WC. Die Toiletten werden wie im Flugzeug im Vakuum betrieben. Da gibt es keine Verstopfung und die Pumperei kann man sich sparen. Außerdem ist eine Gefahrenquelle ausgeschaltet. Unzählige Schiffe sind wegen eines defekten Ansaugschlauchs gekentert. Irgendwer vergisst, das Ventil zu schließen, der Schlauch geht ab und schon ist es passiert. Wenn es nicht gleich bemerkt wird, ist es schon zu spät.

SatNav für die Wettermeldungen, Funk und Satellitentelefon sind unerlässlich. Der Maschinenraum muss leicht und vor allem aufrecht zugänglich sein. In manchen stickigen, engen Löchern habe ich schon gearbeitet und da war ich nicht gelähmt. Notwendig sind auch starke, wartungsfreie Batterien, Servo-Steuer und Ruderanlage, Diesel- und Wassertank und – ganz wichtig – ein Abwassertank, der Umwelt zuliebe. Die Fäkalien wären nicht so schlimm, die bauen sich auf natürliche Weise ab, aber Chemie und Waschmittel versauen die Meere. Es gibt ohnehin genug Tankerunfälle und Industrieanlagen, die die Gewässer verschmutzen. Meinen Dreck entsorge ich selber, das bin ich der Umwelt schuldig.

So ungefähr stelle ich mir mein Schiff vor.

»Herr Mader«, reißt mich eine Schwester aus meinem Traum. »Was möchten Sie zum Abendessen?« Ich kann wählen zwischen einer kalten und einer warmen Mahlzeit.

Anuschka sitzt noch neben mir und strickt. »Jetzt musst du aber etwas essen, du bist schon ganz dünn. Du bist sonst zu schwach für die Therapie, und ich will dich nicht pflegen müssen.«

Ich habe noch immer keinen Hunger und bestelle, obwohl ich bereits weiß, dass es nicht gegessen wird.

»Du wiegst nur mehr 50 Kilogramm, denk an deinen Plan von der Weltumsegelung«, beschwört mich meine Frau.

Der erste Morgen auf Station B1

Good morning, friends, good morning, Herr Mader!« Schwester Gloria kommt herein, ein Sonnenschein. Ihre Hüften schwingen, als würde sie tanzen. Sie dürfte von den Philippinen stammen, auf alle Fälle aus dem asiatischen Raum. »Was möchten Sie zum Frühstück, Herr Mader? Kaffee, Tee oder Kakao,

Semmeln (Brötchen) oder Brot, Vollkorn oder normal, Wurst oder Marmelade?«

»Bitte Kakao und Buttersemmeln mit Marmelade.« Ich verspüre doch Lust auf Essen. Schwester Gloria muss man einfach mögen, sie bringt gute Laune in unser Zimmer, so fängt der Tag gleich gut an.

»Ich bin die Schwester Hannes«, stellt sich kurz darauf ein Pfleger vor und beginnt Semmeln aufzuschneiden. »Ich richte Ihnen das Frühstück her und komme später, um Sie zu waschen.« Er ordnet mein Bett, hebt das Kopfteil an und stopft mehrere Polster rund um mich herum. So kann ich nicht umfallen und sitze wie ein König.

Ich freue mich auf die Marmeladesemmeln und den Kakao. Super, Frühstück im Bett! »Können Sie alleine essen, Herr Mader?«

»Ja klar, Schwester Hannes.« Ich bekomme ein kleines Tischchen ins Bett, einen Teller mit den Semmeln darauf und eine große Tasse Kakao.

Ich nehme einen kleinen Bissen und konzentriere mich aufs Schlucken. Es geht! Ich bin happy und trinke den ersten Schluck Kakao. Dabei verschlucke ich mich so heftig, dass das Häferl in einem großen Bogen ins Bett fällt. Ich habe einen Klonus an Arm und Bein, dass mir Hören und Sehen vergeht, und ersticke fast an dem Hustenanfall.

»Oh je, schmeißen Sie immer in der Früh mit dem Häferl, Herr Mader?« Hannes nimmt es locker. »Macht nichts, das haben wir gleich.«

So ein Mist aber auch, was für eine Sauerei! Ich muss besser aufpassen, das ganze Bett ist voller Kakao. Ich ärgere mich über mich selbst. Es ist mir sehr peinlich und ich entschuldige mich.

Ich habe bis heute nicht begriffen, wie Hannes alles neu überzogen hat, ohne dass ich aus dem Bett musste. Nur ein bisschen nach links und ein bisschen nach rechts drehen und fünf Minuten später sitze ich wie vorher.

»Bon appétit, Herr Mader! Jetzt trinken Sie den Kakao aber lieber«, lästert Hannes.

Ich verspreche, besser aufzupassen, und nehme einen kleinen Schluck – ja, es geht! Schließlich habe ich den Kakao und die Semmeln im Bauch. Es ist ein sehr gutes Gefühl, richtig satt zu sein.

Schwester Mimmi schiebt einen Wagen voller Medikamente von Bett zu Bett und teilt aus. »Die drei Tabletten nehmen Sie bitte gleich.« Ich schlucke alle auf einmal, mit einem Glas Mineralwasser. Super, drei auf einmal, das Schlucken wird immer besser! »Das geht ja gut«, ist Mimmi zufrieden.

Jetzt verschluckt sich Otto, der Arme. »Ich bringe die Pulver nicht runter«, jammert er.

»Sie müssen sie aber schlucken, das kann Ihnen niemand abnehmen«, beharrt Mimmi.

Otto würgt und würgt, bis er die Tabletten endlich unten hat. »Ich hasse die blöden Pulver«, sagt er mit Tränen in den Augen.

»Ich komme mittags wieder, seid bitte alle auf der Station, damit ich nicht jedem hinterherlaufen muss.«

»Mich dürfen Sie ruhig vergessen«, gibt Otto seinen Kommentar darauf und fängt sich von Mimmi einen vorwurfsvollen Blick ein. Dann geht er zum Waschtisch, verharrt dort, schaut und scheint zu überlegen. »Was wollte ich denn gerade machen? Das ist doch zu

blöd. Weißt du, vor zwei, nein sieben, nein vierzehn ...
ist ja egal. Ich bin halt ein bisserl deppert, ich habe vergessen, was ich sagen wollte.«

Ich lächle ihn an und versichere ihm, dass es mir
manchmal auch so geht.

»Nein, Manfred, aber nicht so!«

»Tut's weh?«, frage ich ihn. Er schüttelt den Kopf.
Es geht ihm halt selber auf die Nerven. »Na, siehst du,
nimm's leicht! Was ist dir passiert, Otto?«

»Ich habe einen, na einen, einen – da hast du's, es
fällt mir nicht ein. Wenn meine Frau kommt, dann sag
ich's dir.«

Er tut mir leid. Otto dürfte echte Probleme haben.

Hannes kommt mit einem Wagerl mit Bett- und
Waschzeug darauf. »Eine Waschung gefällig, Herr
Mader?«

Mein Nachthemd wird ausgezogen, dabei hält mich
eine Schwester aufrecht. Hannes drückt mir einen
Waschlappen in die rechte Hand und fordert mich auf,
mich überall, wo ich hinkomme, zu waschen. Klar,
was ich selbst tun kann, mache ich natürlich. Es ist mir
lieber, dass ich mich im Intimbereich selber waschen
kann. »Möchten Sie Haare waschen?«

»Welche Haare, ich habe doch eine Glatze? Aber es
kann ja nicht schaden!«

Hannes wäscht meine Glatze und gibt mir sofort ein
Handtuch, damit die Augen nicht brennen. Die Schwester drückt mir eine Zahnbürste in die Hand. Jah, ich
habe schon seit sechs Wochen keine Zähne geputzt!
(Die Pfleger im AKH bürsteten mir täglich die Zähne,
erfuhr ich von Anuschka später.) Aber jetzt genieße ich
das Zähneputzen. Ich lasse mir richtig Zeit dabei.

Es gibt auch strenge Schwestern

Die Besuchszeit ist von 15 bis 16.30 Uhr, Frau Mader. Jetzt können sie nicht hinein«, erklärt die »hantige« Schwester Margit meiner Frau. (Ich möchte an dieser Stelle betonen, dass auch Schwester Margit sehr nett und an ihrer Pflege überhaupt nichts auszusetzen war, außer dass sie mir beim Schuheanziehen den großen Zehennagel weggerissen hat und der Schuh dann voll mit Blut war. Allerdings empfand ich sie in diesem Augenblick als besonders streng.)

Eine halbe Stunde später kommt Anuschka ganz aufgelöst ins Zimmer. »So, ich war jetzt bei Dr. Mühlbacher. Ich darf dich besuchen, wann immer ich will. Eine Einfahrtsgenehmigung habe ich auch bekommen. So ein Grantscherm!«, ärgert sie sich.

»Wenn das ein jeder macht, wo kommen wir denn da hin?«, keppelt derweil Schwester Margit draußen und will sich überhaupt nicht beruhigen.

Wir lachen und ich bin wieder einmal sehr stolz auf meine Frau. Anuschka kann man nicht aufhalten, wenn sie sich etwas in den Kopf gesetzt hat, da ist sie wie ich. »Super gemacht, Puppi!«, lobe ich und ich streichle ihr über die Haare.

»Deine und meine Eltern möchten dich gern besuchen. Außerdem soll ich dich von allen Freunden und Bekannten grüßen. Ich habe die Oberschwester gefragt, ob ich dir eine Geburtstagsfeier machen darf und sie hat mir gleich den Raum neben eurem Zimmer angeboten.« Mir ist überhaupt nicht nach einer Geburtstagsfeier, aber Anuschka macht sich solche Mühe, darum widerspreche ich nicht. »Es möchten dich schon so viele Leute besuchen, zudem hast du Geburtstag, das ist eine gute Gelegenheit.«

Ich bin einverstanden und freue mich jetzt sogar.

Das muss man ja wissen

Ich bin immer nur müde, kann mich zu nichts aufrappeln«, jammere ich. Anuschka überredet mich, den Transfer zu üben. Na gut, probieren wir es. Sie nimmt das Gitter auf meiner linken Seite weg, greift mit ihrer rechten Hand unter meinen Nacken und mit der linken nimmt sie meine Beine. Während sie mich aufrichtet, dreht sie meine Beine auf die Seite. Ich sitze und meine Beine baumeln aus dem Bett. Aber ich kann meine Frau nicht auslassen, ich klammere mich richtig fest. Auch kämpfe ich mit einem Schwindelzustand, um mich dreht sich alles und mir wird schlecht. Anuschka merkt, dass mir nicht besonders gut ist und hält mich ebenfalls fester. Dabei kommt sie mir so nahe, dass ich ihr ein flüchtiges Busserl auf die Wange geben kann.

Der Schwindel vergeht und ich kann mich wieder auf den Transfer konzentrieren. Anuschka lässt meinen Nacken und meine Schulter los und greift mit ihren beiden Händen an meinen Po. Sie zieht mich so weit an die Bettkante, bis ich mit meinem rechten Bein den Fußboden erreiche. Jetzt hält sie mich erneut an Schulter und Hüfte, dabei unterstützt sie mein linkes Knie mit ihren beiden Beinen. Ich kann mich so am Gitter halten und Anuschka hilft mir in den Stand.

Ich stehe! Mein Gott, bin ich schwach! Der Schwindel macht sich auch wieder bemerkbar. Mist, der Rollstuhl steht noch beim Fenster. Indem ich mich ans Gitter klammere, kann ich so lange stehen, bis Anuschka den Rollstuhl seitlich von mir abstellt. Sie macht die Bremsen fest, darauf hat die Schwester ausdrücklich hingewiesen. Dann stellt sie sich wieder vor mich, unterstützt mein linkes Knie und wir machen eine viertel Drehung, sodass ich den Rollstuhl genau hinter mir habe. Anuschka lässt mich langsam nach unten gleiten und ich helfe mit, so gut es geht. Trotzdem ist es für meine Frau ganz schön anstrengend.

Ich kann nicht glauben, dass ich alleine nicht stehen kann. Rechts bin ich doch nicht gelähmt, ich müsste doch auf einem Bein stehen können! Aber immer wenn mich Anuschka für einen Augenblick loslässt, sacke ich sofort weg. Es ist, als wollte man versuchen am Schwimmbeckenrand entlangzugehen mit einem Fuß im Wasser. Man würde ins Becken fallen. Aber mit einem Bein müsste ich doch hüpfen können? Na ja, es wäre recht mühsam. Der Arzt meinte ohnehin, ich werde wieder gehen können. So denke ich nicht länger darüber nach.

»Eigentlich könntest du mich gleich aufs Klo führen, glaubst könnama des?« Ich bringe das Wort nicht richtig heraus. Wir lachen und ich bemühe mich, es richtig zu sagen. »Können wir das, so sollte es heißen.«

Anuschka zitiert lachend Hans Moser: »wie nemmanman den.« Vom Lachen rinnen mir wieder mal Tränen aus dem linken Auge, das ist doch zu blöd.

Die Toilette hat einen geräumigen Vorraum und ist auch innen rollstuhlgerecht. Anuschka macht wieder den Transfer, Hose runter und ich sitze auf der Muschel. Sie darf mich aber nicht loslassen, sonst liege ich am Boden.

»Da sind Dosen mit einem Pflegeschaum, Frau Mader. Kommen Sie zurecht oder soll ich helfen?« Schwester Mimmi schaut zur Tür herein.

»Zu Hause habe ich ja auch niemanden, ich will das alleine können«, antwortet meine Frau.

»Na, bis der Herr Mader nach Hause kommt, kann er das schon alleine.« Die beiden unterhalten sich, während ich auf dem Klo sitze, als wäre das die natürlichste Sache der Welt. Daran muss ich mich erst gewöhnen.

Pffrrt donnert es ins Klo und die Lacherei geht von Neuem los. »Glaubst du, die Schüssel ist noch ganz?« Das kann man nur mit Humor betrachten.

Der Pflegeschaum hat einen angenehmen Duft und auf der Haut fühlt er sich gut an, zumindest rechts, links spüre ich ja nichts. Das Anziehen ist ganz schön anstrengend, ich würde mich am liebsten schon wieder hinlegen. Anuschka meint nur, wir sollten jetzt gleich auf das Mittagessen warten. »Wenn es noch länger dauert, gehen wir einstweilen spazieren.«

»Dann musst du mir aber etwas Warmes anziehen.«

»Ich lasse dich schon nicht erfrieren, mein Lieber.« Ich glaube, Anuschka will mich »pflanzen«.

Ja, rauchen will sie, jetzt ist mir alles klar. Es ist zwecklos, mich dagegen zu wehren. Ich könnte auch wieder mal eine Zigarette probieren. Ich werde den Arzt fragen, was er dazu meint. Oder vielleicht doch nicht – ich weiß ja, was er davon hält. Ich hörte ihn einmal schimpfen, als er einen Patienten mit Herzproblemen beim Rauchen erwischte. Als der Arzt dem Mann die Zigaretten wegnahm, verweigerte dieser das Essen. Später einigten sie sich auf drei Zigaretten pro Tag.

An der Tür bräuchte Anuschka wieder einmal drei statt zwei Hände. Langsam schiebt sie mich die Rampe runter. Wenn ich ihr auskäme, dann würde ich gegen die Tür krachen.

Draußen sind die Bäume kahl und es ist schon empfindlich kalt. Wir machen eine Runde durch den herrlichen Park und ich probiere einen Zug von ihrer Zigarette. Jetzt wäre eigentlich eine gute Gelegenheit, mit dem Rauchen aufzuhören. Die Zigaretten sind mir nicht wirklich abgegangen. So viel rauche ich ja auch nicht, vier bis fünf am Tag. Soll ich mir diese kleine Freude nehmen? Ich werde doch mit dem Arzt reden.

Wir kehren langsam zurück. Eine Schwester ruft ganz aufgeregt: »Herr Mader, wo sind Sie denn gewesen? Wir suchen Sie schon überall. Sie haben Therapie, wussten Sie das nicht?« Ich kann mich nicht erinnern, dass mir jemand etwas gesagt hätte. »Schauen Sie, hier hängt ein Plan, da stehen die Termine für jeden Patienten drauf.«

»Das muss man ja wissen! Anuschka, warum hast du da nicht drauf geschaut?«

Sie zieht mir mit einem empörten Lachen die Kapuze über die Augen. »Mir hat auch niemand was gesagt. In Zukunft schauen wir, aber jetzt ist es schon zu spät.«

Die erste Therapie

Ich habe heute um zehn Uhr Physiotherapie. Anuschka hat gerade den Plan gelesen und schaut auf die Uhr. »Ich bringe dich hin. Wir müssen in das nächste Gebäude.«

Ich fühle mich sehr gut, nur die Schulter schmerzt. Das muss noch vom Hinfallen kommen, da konnte ich mich schon nicht mehr mit den Armen abfangen. Die Tür in den Therapiesaal wird schwierig zu meistern sein, denke ich, als Anuschka vor der Rampe haltmacht. Es ist eine steile Rampe und die Tür geht nach außen auf. Da bräuchte sie jetzt fünf Hände. Doch meine Frau schafft auch diese Hürde. Wo nimmt sie nur diese Kraft her?

Drinnen ist es angenehm warm und sie zieht mir die Jacke aus. Ich schaue mich um. Wir befinden uns in einem riesigen Saal mit Parkettboden, vielen Fenstern und Schweißgeruch. Es sind circa zehn Personen anwesend, fünf Patienten und fünf Therapeuten, verteilt in verschiedenen Ecken. Die lange Gerade ohne Fenster ist durch Therapiebetten getrennt.

»Ich bin Michaela Hiebl«, stellt sich eine junge, sympathische Therapeutin vor. Sie hockt vor mir und schaut mich an, dabei schüttelt sie den Kopf. »Wie Sie sitzen, Herr Mader. Daran werden wir als Erstes arbeiten.«

Ich halte mich an der rechten Lehne vom Rollstuhl fest und bin ganz nach rechts gebogen. Sie korrigiert mich, indem sie mich sanft, aber bestimmt in die Mitte drückt.

»Das ist Wahnsinn, so falle ich raus, so kann ich nie sitzen!«

Sie lächelt. »Aber ja, ich passe schon auf.«

Ich kann unmöglich so sitzen. Ich denke, ich kippe um und beuge mich gleich wieder nach rechts und klammere mich fest. Mit der linken Pohälfte stütze ich mich an der linken Rollstuhllehne ab, zumindest glaube ich das, denn spüren kann ich es nicht.

»Wir haben eine Menge zu tun«, meint sie nur freundlich.

Wir sprechen über das Training der Muskulatur und ich erzähle ein wenig von meinem Beruf, so lernen wir uns näher kennen. Die Zeit vergeht sehr schnell. Am Ende machen wir noch die nächsten Termine aus, zehn Uhr ist allen recht.

Der Weg zurück ist ordentlich steil, das macht meiner Frau zu schaffen. Vor der automatischen Tür muss sie verschnaufen, dann nimmt sie Anlauf und rennt mit mir die Rampe hinauf.

»Puh, das ist nicht leicht!« Anusch ist erschöpft.

»Warum nehmen Sie nicht den Aufzug?«, fragt uns Schwester Mimmi und zeigt meiner Frau, wie man zum anderen Gebäude kommt, ohne den Hügel und die Rampe zu nehmen.

Meine Geburtstagsfeier ist gelungen. Was für eine Mühe sich Anuschka da wieder angetan hat! Die ganze Familie ist da, 15 Personen, und sie serviert mitgebrachtes Essen und Getränke. Ich kann leider nicht so lange im Kreis meiner Familie bleiben, wie ich möchte. Ich bin schon wieder müde. Wieso bin ich ständig müde, da stimmt doch was nicht? Bei der nächsten Visite werde ich den Arzt fragen. Ich bin so erschöpft, dass ich nicht einmal träume. Die vielen Leute waren mir doch zu anstrengend.

Ein Alltag

Dr. Mühlbacher fragt nach meinem Klonus. »Den habe ich schon lange nicht mehr gespürt, Herr Doktor. Aber ich kann mich kaum genug konzentrieren, um mit Ihnen zu sprechen. Ich bin ständig nur müde.«

»Ja, das sind leider die Nachteile der Medikamente. Wir müssen diese so dosieren, dass Sie nicht zu müde sind und der Klonus sich trotzdem in Grenzen hält. Das dauert ein paar Tage. Im nächsten Schritt senken wir die Dosis und beobachten, wie es sich auf den Klonus auswirkt. Sie müssen einen Kompromiss eingehen: Entweder müssen Sie mit einem dauernden Klonus leben, oder Sie sind ab und zu müde. Sie können diese Tabletten nach Bedarf haben, ich glaube, Sie können selbst beurteilen, wann Sie welche brauchen.«

Die Ärzte gehen hier ganz und gar auf meine Situation ein, und auch die Therapeuten richten ihre Termine nach mir. So kommt eine gewisse Regelmäßigkeit in mein Leben, das schätze ich sehr. Ich bin schon überfordert, wenn ein Termin verschoben wird oder wenn ich Ergotherapie statt Physiotherapie bekomme. Diese Unfähigkeit, flexibel zu reagieren, ist auch etwas, wonach ich den Arzt fragen muss. Jedenfalls bekommen die Tage jetzt einen festen Ablauf, so kann ich mich besser auf die Therapie konzentrieren.

Um sechs Uhr kommt die erste Schwester und sammelt die Harnflaschen ein. Um halb acht wecken und Frühstück ans Bett, danach waschen und anziehen.

Um zehn Uhr ist die erste Therapie, da fährt mich Anuschka hin, um zwölf Mittagessen. Danach ist Mittagsruhe und um 16 Uhr bringt mich Denise zur zweiten Therapie. Um 17 Uhr kommen meine Eltern und bringen Essen, das Anuschka gekocht hat. Die erste Zeit ist es nur Griesbrei, das kann niemand verstehen. Zum Essen muss ich mich immer noch zwingen. Meinen Nachtisch bekommt Otto, der wartet schon darauf.

»Otto, was isst du denn da, ist das Kuchen? Du weißt doch, dass du den nicht essen darfst!« Otto steckt vor Schreck den Kuchen in seine Hosentasche. Gerti, seine Frau, muss lachen. Otto hat Diabetes. Jetzt kriegt er meinen Nachtisch nur noch nach der Erlaubnis von Gerti. Er ist dabei traurig wie ein kleines Kind, aber genau das macht ihn so liebenswert.

Denise begleitet mich zur Ergotherapie. Die ist im selben Haus im dritten Stock. Andrea Druckenthaner ist eine liebe junge Therapeutin. Sie macht mit mir Übungen zur Orientierung und lehrt mich, wie ich mich waschen, duschen, anziehen kann. Sie zeigt mir viele Tricks, die ich im Alltag gut brauchen kann.

Schlimm finde ich die geistigen Übungen: Welches Dreieck passt in das andere, wie viel ist drei plus drei, welche Zahl kommt nach zwei? Kann es sein, dass ich vielleicht wirklich blöd bin? Diese Tests werden immer und immer wieder mit mir gemacht. Ich frage die Therapeutin, ob sie mich für blöd hält, ich frage Anuschka und Denise, aber alle verneinen. Anuschka meint nur, ich sei genauso deppert wie vorher, und wir müssen lachen. Ich werde aber auf keinen Fall mehr Donald zitieren und sagen, mir sei »blumerant«. Ich fand das Wort so witzig und sagte es zu meiner Frau, als sie mich aufweckte. Sie hat zwar gelacht, aber den prüfenden Blick werde ich nicht vergessen.

Na ja, man könnte schon glauben, dass ich einen Dachschaden abbekommen habe, denn das andauernde Lachen geht mir schon selber auf die Nerven. Ich kann aber nichts dagegen tun. Außerdem fallen mir andauernd Blödeleien mit meinem Freund Walter ein. Mit ihm kann ich super Schmäh führen.

Einmal zum Beispiel drückt mich Michaela während der Therapie mit dem Oberkörper zu den Oberschenkeln. Oh weh, die Blähungen und der Druck ... ich bekomme einen Schweißausbruch. Wer kann es mir verdenken, dass ich dabei an Walter denken muss. Natürlich habe ich jetzt auch noch einen Lachanfall. Als wir nämlich einmal zusammen im Sessellift fuhren, drückte Walter so komisch herum und meinte, es sei sehr warm. Er zippte den Reißverschluss seines Skioveralls auf und machte ihn schnell wieder zu. »Wenn der rauskriecht, sind wir bewusstlos, wenn wir oben ankommen«, meinte er. Wir gingen dann auch gleich auf einen Schnaps, denn den brauchten wir, und der Tag bekam ein Hakerl. Denn für Walter ist jeder Tag, an dem viel gelacht wird, ein guter Tag und bekommt ein Hakerl.

Schwester Marion lerne ich ein paar Tage später kennen. »In diesem Zimmer war ich schon mit allen beim Duschen, nur mit dem Herrn Mader noch nicht«, meint sie. Mit mir geht immer Andrea Druckenthaner zum Duschen, sie hat den Therapieplan entsprechend geändert. Dabei hilft sie mir beim Ausziehen, beim Waschen und beim Anziehen. Sie hält mich beim Sitzen, gibt mir den Brauseschlauch in die rechte Hand, prüft die Wassertemperatur und seift mich dort ein, wo ich nicht hinkomme. Sie drängt mich unermüdlich auf die linke Seite, ich habe fast Panik, denn ich kann mich nirgends abstützen. Lehne ich mich nur einen Millimeter zu weit nach links, falle ich vom Sessel. Das ist mir auf dem Klo passiert, als mich eine fremde Therapeutin hinsetzte und dann allein ließ. Ich krachte auf meine linke Schulter, deshalb habe ich jetzt dort noch mehr Schmerzen. Für mich ist das eine sehr anstrengende Therapie, ich bin danach erschöpft und nicht nur geduscht, sondern auch schweißgebadet. Ich fühle mich, als hätte ich eine Stunde lang volle Power Tennis gespielt.

Es scheint, als wolle jetzt Schwester Marion mit mir duschen. »Na gut, ich wasche deinen Rücken und du meinen«, scherze ich.

»Das würde dir so passen«, lacht sie.

In unserem Zimmer greift Rudi, ein kräftiger junger Mann, Steinmetz von Beruf, immer öfter zur Flasche. Er hat Geschwüre in der Wirbelsäule und ist schon fast gelähmt. Es gibt keine Aussicht auf Besserung. So ist es verständlich, das er sagt: »Ich scheiß drauf, mir ist alles egal!« Er darf raus und kann sich deshalb mit Alkohol versorgen. Er versteckt ihn überall, in der Kapelle, im Leichentrakt, im Spind. Das darf natürlich niemand wissen, und so schauen wir alle weg.

Ein paar Geschichten von der neurologischen Station

Otto liegt mit Petz, einem ehemaligen Straßenbahnfahrer, im Clinch. Otto war mit seiner Therapeutin einkaufen, imaginär natürlich. Dazu mussten sie mit der Straßenbahn fahren, auch imaginär. Petz fragt, wer denn den Fahrschein bezahlt habe. Otto überlegt und antwortet: »Niemand, ich glaube, wir sind schwarzgefahren.«

Als ich den Petz anschaue, muss ich lachen: Er ist richtig entsetzt, er hat einen Schwarzfahrer entdeckt.

»Schwester, wieso habe ich heute ein Pulver mehr?«, fragt Petz.

»Das ist keine Tablette, das ist ein Zäpfchen. Sag nicht, du willst das schlucken!«

Ich registriere die Miene von Petz und brülle vor Lachen. Klar hat er das Zapferl schon geschluckt.

Marion ist außer sich. »Kann man euch keine zwei Minuten aus den Augen lassen?«

Das wird Petz noch lange hören.

Otto fragt mich nach dem Namen der Schwester, der netten mit den kurzen roten Haaren.

»Wieso willst du das denn wissen?«

»Ich möchte so gerne von ihr träumen, aber wenn ich ihren Namen nicht weiß, geht das nicht.«

»Sie heißt Marion.« Jetzt ist Otto zufrieden, jetzt kann er von ihr träumen. Ich hätte auch Ramona sagen können, er brauchte halt einen Namen.

Karl-Heinz bringt es auf den Punkt. So viel gelacht und so viel geweint habe ich überhaupt noch nie. Karl-Heinz hat lange Zeit in Griechenland gelebt, er hatte dort ein Restaurant und eine Disko. Als er zu einem Kurzurlaub in Wien war, konnte er nach dem Schlafen nicht mehr aufstehen. Er war komplett gelähmt, konnte gerade einmal mit den Augen zwinkern. Ein Virus! Die positive Ausstrahlung, die von ihm ausgeht, tut gut. Ich habe ihn noch nie grantig erlebt. Heute führt er ein ziemlich normales Leben, er kann fast wieder alleine essen und ist mobil, leider jedoch immer noch im Rollstuhl. Er hat einen Internetclub aufgebaut, den er betreut. Dort gibt es auch Getränke und Kleinigkeiten zu essen. Außerdem lebt er mit Schwester Marion zusammen. Man sieht, es ist keine Situation so schlimm, dass man das Leben nicht doch noch schön finden kann. Er ist ein Vorbild und hat meine ganze Bewunderung.

Mit der Zeit kann ich sitzen – was ich halt so sitzen nenne –, aber ich falle nicht mehr um. Michaela denkt indessen schon an das Stehen. Ich mache gerne Therapie und es ergibt sich, dass Freiwillige für einen Bobathkurs gesucht werden. Natürlich bin ich dabei. Jetzt merke ich, dass ich schon ordentliche Fortschritte gemacht habe. Die Leiterin des Kurses, Frau Kraus, eine liebe, nicht mehr ganz junge Dame, ist eine Respektsperson. An mir demonstriert sie, was alles möglich ist. Klar kann ich aufstehen, wenn ich mich festhalte. Dann ist mein ganzes Gewicht auf der rechten Seite und ich kann mich hochziehen. Verlagere ich jedoch das Gewicht zur Mitte, kippe ich nach links weg. Ich stehe wie ein Fragezeichen, um mich ja nicht zu weit nach links zu beugen. Meine Körpermitte ist nicht mehr da, wo sie vorher war, sondern um gut ein Drittel nach rechts verschoben. Das heißt, wenn ich gerade stehe, habe ich das Gefühl, ganz nach links gebeugt zu sein. Also braucht meine linke Seite Unterstützung, sogar wenn ich richtig und gerade stehe.

Frau Kraus greift in gebückter Haltung von hinten zwischen meinen Beinen durch und packt mit ihrer rechten Hand mein linkes Knie. Mit ihrer rechten Kopfseite stützt sie mich dabei links ab. Ich bekomme dadurch eine gewisse Stabilität, sodass ich an ihre rechte Schulter gelehnt sogar fast aufrecht stehen kann. Mit ihrem rechten Fuß schiebt sie nun mein linkes Bein ein wenig vor und das rechte kann ich alleine nachstellen.

Jetzt bemühen sich Schülerinnen mit mir. Da merkt man sofort die Unsicherheit. Das macht es mir schwer, ein solches Vertrauen wie zu Frau Kraus zu bekommen. Die Schülerinnen üben deshalb auch nur das Aufstehen mit mir, und zwar so lange, dass ich fast zusammenklappe. Irgendwann habe ich genug und kann nicht mehr. Ich verzichte auf das Abendessen und schlafe sofort ein.

Michaela muss sich am nächsten Tag mit mir richtig plagen. Ich habe einen gehörigen Muskelkater. So überanstrengen werde ich mich nicht mehr!

Aber Michaela bringt mich doch einige Tage später dazu, alleine aus dem Rollstuhl aufzustehen. Vor Freude über dieses Erfolgserlebnis kann ich die ganze Nacht nicht schlafen. Wenn ich aus dem Rollstuhl aufstehe, gelingt es mir sogar, ein paar Sekunden lang zu stehen. Das ist die anstrengendste Übung, die ich je gemacht habe. Bei einem Konditionstraining machten wir vor Jahren einmal einen Wettkampf, wer am längsten in der »Schranzhocke« bleiben kann. Dabei lehnt man mit dem Rücken an einer Wand, die Oberschenkel waagrecht zum Boden und die Unterschenkel im rechten Winkel. Ich habe nach 20 Minuten aufgegeben. Ähnlich geht es mir jetzt: Ich bin kurz vorm Aufgeben.

Ich will aber wieder imstande sein zu gehen, und dazu muss ich erst stehen können. Michaela, Denise und meine Frau schaffen es, mich so zu motivieren, dass ich weitermache und ein paar Wochen später wirklich stehen kann.

Mit meiner linken Hand kann Michaela dagegen kaum etwas machen, denn ich schütze sie sehr und lasse niemanden mehr hingreifen. Seit ich von der Kloschüssel gefallen bin, habe ich sehr starke Schmerzen. Ich wurde zum Röntgen geschickt und eine Röntgenassistentin drehte, um an ihr Bild zu kommen, meinen Arm so grob nach hinten, dass mir Hören und Sehen verging. Meinen Arm fasst mir niemand mehr an, nicht einmal der Arzt! Ich habe verdammt starke Schmerzen.

Jede Woche wird mir Blut abgenommen. Am besten sticht Marion. Nach einiger Zeit gibt es aber ein neues Gesetz, weshalb die Schwestern dies nicht mehr machen dürfen. Jetzt haben wir den Salat: Nun kommen Jungärzte, die nervös herumfuchteln und noch beim zehnten Mal die gestaute Vene nicht treffen. Wie sollten sie das auch können, ihnen fehlt noch die Routine. Mir macht ein Stich nichts aus und ich ermutige einen jungen Arzt, bei mir zu üben. »Sie können ruhig drei oder vier Mal stechen.« Beim fünften Mal gibt er auf und holt Dr. Benedikt. Der sticht natürlich nur einmal und das Blut rinnt. Der junge Arzt tut mir fast ein wenig leid, ich hätte ihm sehr vergönnt, dass er Erfolg hat.

Otto kommt von einer Therapiestunde zurück und erzählt, dass er heute Powidltascherl machen musste. »Was brauchen wir denn an Zutaten?«, hatte ihn die Therapeutin gefragt. Nach Mehl, Zucker, Eier fehlte ihr noch etwas, etwas ganz Wichtiges. Sie wollte natürlich Powidl hören, und Otto bringt sie fast zur Verzweiflung, bis er schließlich sagte: »Jetzt scheiß ich drauf, ich kaufe gefrorene und basta!«

Seine Frau kann darüber überhaupt nicht lachen. So habe er früher nie gesprochen, das könne nur der schlechte Einfluss von uns sein, sagt sie und schaut Rudi und mich dabei an. Sie meint es aber nur im Spaß, mit einem Augenzwinkern.

Otto ist wie ein schlimmes Kind. Als eine junge Ärztin bei mir Blut abnimmt, steht er hinter ihr, macht »Pst, pst« und deutet auf ihre Beine. Na gut, der Rock ist schon etwas kurz. Als sie wieder draußen ist, holt er mich aus dem Bett, hilft mir in den Rollstuhl und wir fahren uns ihre Beine noch einmal anschauen. Er schiebt mich im Flur auf und ab. Wir entdecken sie im Ärztezimmer, wo sie an einem Schreibtisch sitzt. Die Tür ist offen und Otto fährt mit mir so lange vorbei, bis sie zu schmunzeln beginnt. Ich glaube, wir sind ihr schon aufgefallen. Jetzt machen wir aber Schluss, sonst wird es mir noch peinlich.

Michaela lässt nicht locker, immer wieder muss ich aufstehen und mich setzen. Dabei fällt mir auf, dass ich mich nicht gleichmäßig hinsetzen kann, wenn das Bett etwas höher ist. Ich setze mich über die rechte Pobacke und ziehe die linke nach. Dabei streckt sich mein linkes Bein und der Klonus beginnt. Den bekomme ich zwar immer in den Griff, ich weiß aber nicht, wie. Meistens hält mich Michaela am Bein und drückt es in die Beuge. Ich muss mich dabei sehr konzentrieren, damit ich nicht vom Bett falle. Im schlimmsten Fall könnte ich mit dem rechten Bein aufstehen und mich ganz nach rechts gebeugt am Bett anlehnen, dann beruhigt sich der Klonus. Wenn ich das analysiere, dann bedeutet das, ich muss die linke Seite entlasten und hängen lassen. So beherrsche ich den Klonus.

Anuschka und Denise sind fast immer dabei, wenn ich Therapie habe. (Anuschka hat in dieser Zeit 35 Pullover gestrickt). Denise beobachtet mich genau, und wenn mich Michaela berühren will, tuschelt sie mit ihrer Mutter. Ich weiß, dass die zwei über mich lachen. Ich bin so derartig kitzlig, dass ich wahnsinnig werde, wenn Michaela nur in die Nähe meines Rückens kommt. Denise flüstert dann: »Pass auf, gleich zuckt er zusammen.« Die beiden wissen natürlich, dass ich kitzlig bin, und deshalb lachen sie auch andauernd.

Dazu fällt mir jetzt wieder einmal ein Spruch von meinem Freund Walter ein. Nach einer durchzechten Nacht hatte ich ihn gefragt, ob ich versoffen ausschaue. »Na, geh, nur so ein bisserl wie das Eiersackl vom Luis Trenker.« Jetzt wissen die anderen nicht, weshalb ich lache. Ich möchte es auch niemandem sagen.

Michaela stellt mich mit dem Rücken zur Wand und platziert links und rechts ein Therapiebett neben mich. Das ist eine psychologische Stütze. Wenn ich an der Wand lehne, kann ich wirklich ohne Hilfe längere Zeit stehen. Nach einigen Stunden Übung nimmt sie einmal das linke und dann das rechte Bett weg. Ich darf mich auch nicht mehr anlehnen, denn ich sei schon so gut, dass ich das nicht brauche, überzeugt sie mich mit einem psychologischen Schmäh.

»Wenn du stehen kannst, dann kannst du auch gehen.«
Der Meinung bin ich auch. Sie hält mich an der Hüfte und schiebt mit ihrem rechten Fuß meinen linken ein Stück vor. Ich kann den rechten dazustellen, knicke aber immer ein. Michaela lässt mich natürlich nicht fallen.

»Du musst nach dem Schritt wie beim Stehen den Hintern zusammenzwicken«, erklärt sie. So gehen wir ein wenig auf und ab. Irgendwann hilft sie mit ihrem Fuß nicht mehr nach. Ich bleibe jedoch immer hängen, die Ledersohle bremst mich. Aber Michaela weiß Rat. Sie zieht einen alten Socken über meinen linken Schuh. Jetzt beginnen wir erneut und ich kann meinen linken Fuß nachziehen. Ich merke überhaupt nicht, dass Michaela ihn manchmal gar nicht mehr anschiebt. Allein der Glaube daran bewirkt, dass ich es kann.

Mit diesen Übungen vergehen Wochen. Ich bin immer noch sehr unsicher beim Aufstehen. Daran, alleine zu gehen, brauche ich nicht einmal zu denken. Die Übungen sind sehr anstrengend, ich bin jedes Mal schweißgebadet.

Das erste Mal zu Hause

Die Wochenenden sind trostlos. Es gibt keine Therapie und man lungert nur herum. Ich frage Dr. Mühlbacher, ob ich am Wochenende nach Hause könnte. Bevor er seine Erlaubnis gibt, fragt er Anuschka, ob sie sich das zutrauen würde.

Wir sind happy, ich komme das erste Mal wieder heim. Es ist Anfang Dezember, also sind etwa zehn

Wochen vergangen, seitdem ich ins AKH eingeliefert wurde. Meine Frau ist schon morgens um sechs mit einer Tasche voller Krapfen und frischer Semmeln im Schwesternzimmer. Ich lasse das Waschen ausfallen und Anuschka zieht mich nur schnell an. Der Transfer ins Auto geht problemlos. Sie schnallt mich an und wir fahren los. Das macht mich richtig schwindlig, ich kann kaum die Straße im Auge behalten. Ich halte mich rechts krampfhaft fest, die linke Hand rutscht in jeder Kurve hin und her. Die Fliehkraft ist zu stark, ich muss aufpassen, dass ich mit dem Oberkörper nicht umfalle. So kann ich mit der rechten Hand den Griff nicht loslassen, um die linke zu bändigen.

Meine Eltern und Denise erwarten mich schon und es gibt ein wunderbares Frühstück. Die Hunde begrüßen mich recht zaghaft. Ich war schon lange nicht mehr hier und sie spüren, dass etwas nicht stimmt.

Unser Haus ist nicht sehr rollstuhlgerecht gebaut. Zum Eingang muss Anuschka drei große, lang gezogene Stufen überwinden. Der Rollstuhl passt nicht in das Schlafzimmer und auch nicht ins Bad. Ich habe einen kleineren bestellt, denn der vom Spital ist ein riesiges Gerät. Im Erdgeschoss kann ich mit dem Rollstuhl ansonsten überall hin, hier ist alles eben und breit genug.

Anuschka und Denise improvisieren, um mich ins Bad und ins Schlafzimmer zu bekommen. Sie schleppen mich zu zweit in die Dusche und ins Bett. Das ist aber keine Dauerlösung. Die Dusche muss ich wahrscheinlich umbauen. Was mit den Stufen zum Eingang geschieht, weiß ich noch nicht, man könnte sie mit einem Lift überbrücken. So etwas habe ich schon in einem Prospekt gesehen. Da werden Gehbehinderte in einer Art Schrägaufzug die Stufen hinaufgezogen.

Ich habe hier kein Gitter am Bett und so kann ich mich nirgends festhalten, um mich auf die Seite zu drehen. Aber ich kann unmöglich schlafen, wenn ich mich nicht bewegen kann. Und wenn meine Frau eine Bewegung macht, löst das einen Klonus aus. Ich brauche also auf jeden Fall ein eigenes Bett, obwohl ich mich nach der Nähe meiner Frau sehne. Wir haben immer wie Kipferln geschlafen und oft auch Po an Po, die Füße zusammen. Im Spital habe ich diese Berührung allerdings auch nicht. Es wird eine andere Lösung geben, nicht gleich, aber bald.

Wachsendes Verständnis

Langsam beginne ich zu verstehen, was sich in meinem Körper abspielt. Wenn ich den Hintern zusammenzwicke, kann ich stehen, aber noch nicht gehen. Zum Gehen muss ich die Muskeln im Po loslassen, um das linke Bein nach vorne zu bringen. Es ist also ein Zusammenspiel der Muskeln. Ich brauche aber einige Sekunden, um den Muskel anzuspannen und wieder locker zu lassen.

Der Befehl zum Anspannen kommt immer von meiner Therapeutin. Das heißt, auf ihr Kommando konzentriere ich mich darauf, den Muskel zu aktivieren. Es vergehen jeweils Sekunden, bis der Muskel aktiviert und dann wieder entspannt ist. Die Umsetzung vom Gedanken zur Ausführung hat schwer gelitten. Ich brauche fast eine Minute, um eine Aktion auszuführen. Es gelingt mir auch nicht, wenn ich mir den Befehl selber gebe. Zu behaupten, meine Reaktion erfolgt in Super-Zeitlupe, wäre noch untertrieben.

Beim Tennis erkannte ich beim Aufschlag des Gegners an dessen Haltung, wohin der Ball gehen könnte. Meine Reaktion und die Ausführung des Schlags erfolgten in Bruchteilen von Sekunden. Heute könnte ich zwar reagieren, aber die Umsetzung in die entsprechende Bewegung würde ausbleiben. Die Reaktion im Gehirn hat nicht gelitten, und auch der Befehl vom Hirn zum Muskel würde stimmen. Nur die Ausführung braucht sehr lange. Mein Hirn erkennt also Situationen genau wie früher, es ist demnach eine rein motorische Schwäche. Die Muskeln sind jedoch die gleichen, am Muskelaufbau kann es folglich auch nicht liegen.

Klar, es ist die Verbindung vom Nerv zum Muskel. Die Nervenzellen, die durch die Blutung abgestorben sind, fehlen zur Umsetzung der Reaktion. Um eine Reaktion von einem Muskel zu verlangen, muss es eine Verbindung zwischen Muskel und Gehirn geben. Das sind eben die Nervenzellen, die den Impuls geben, einen Muskel zu bewegen und die bei mir nicht mehr da sind.

Jetzt weiß ich aber, dass es Millionen graue Reservezellen gibt, die die Funktion der abgestorbenen Nervenzellen übernehmen können. Wo sind sie?

Der Mensch ist ein sehr kompliziertes Wesen. Ich glaube immer mehr an Gott. Denn der Mensch mit seinen vielen Reflexen, die einem im Alltag gar nicht bewusst und die selbstverständlich sind, ist ein echtes Wunderwerk. Die Wissenschaft kann schon sehr viel, aber einen menschenähnlichen Computer zu erzeugen ist unmöglich. Der Nobelpreisträger Eric Kandel meint dazu, dass allein, was im Gehirn vor sich geht, wenn man ein Glas aufhebt, für einen Roboter ein enormes technisches Unterfangen darstelle. Das Gehirn sei das Faszinierendste, was die Evolution hervorgebracht hat. Er wolle erst aufhören zu forschen, wenn er wisse, was im Gehirn passiert, wenn er sich das Bild der Mona Lisa ins Gedächtnis ruft.

Der Körper reagiert auch im Unterbewusstsein sehr gut. Der Adrenalinstoß ist ein unglaublicher Schutz. Man fühlt sich, als ob es keine Schmerzen gäbe, und kann dabei sogar klar denken. Man fällt ins Koma, wenn es nicht mehr geht. Ich habe heute keine Angst mehr zu sterben, ich weiß, mein Körper reagiert richtig. Es ist wie Einschlafen, das nimmt man ja auch nicht wahr. Wenn ich nicht mehr aufgewacht wäre, dann wäre ich gestorben, ohne es zu merken.

Ich habe auch eine andere Einstellung zum Leben bekommen. Was gestern noch soo wichtig war, ist es heute überhaupt nicht mehr: das neue Auto, der neue Tennisschläger, ob ich mit meiner Meinung recht habe oder nicht, stressige Termine ... Wichtig ist jeder Tag, den ich mit meiner Familie verbringen kann, die Natur, die Schönheit einer einzelnen Blume. Ich denke, ich hole einen ordentlichen Lernprozess nach. Ich bin sicher nicht mehr so oberflächlich wie vorher und lebe viel bewusster, eigentlich so, als wäre jeder Tag mein letzter.

Heimweh

Ich würde am liebsten gleich zu Hause bleiben. Meiner Frau geht es genauso. Ich brauche aber noch Therapie. Anuschka versucht, mich im Rehabilitationszentrum »Weißer Hof« unterzubringen. Nach einiger Zeit gelingt ihr das auch, weil Annemarie, eine Freundin von uns, ihre Beziehungen spielen lässt. (Danke, Annemarie! Durch deine Hilfe wurde ich auf ein selbstständiges Leben vorbereitet, dafür sei ganz herzlich gedrückt.)

Ich strenge mich sehr an, um bald wieder daheim zu sein. Es ist mir keine Übung zu mühsam, ich mache alles, was meine Therapeuten von mir verlangen, auch wenn es noch so schwer ist.

Meine Frau fährt jeden Tag durch die ganze Stadt, von einem zum anderen Ende von Wien. Mir ist nicht bewusst, was ich da von ihr verlange, für mich ist es selbstverständlich. Dabei steht sie um ein Uhr auf und liefert die Arbeiten an die Zahnärzte bzw. holt die Aufträge ab. Sie macht das in der Nacht, da sie überall in zweiter Spur stehen bleiben kann. Untertags würde sie keinen Parkplatz bekommen und die Arbeiten wären oft nicht rechtzeitig in der Ordination. Das ist für alle eine gute Lösung. So sind morgens bereits alle Abdrücke im Labor und Anuschka ist in ein paar Stunden fertig. Tagsüber ist sie dann bei mir.

Ich bitte sie, einmal eine Pause zu machen, aber sie winkt nur ab und meint, zu Hause falle ihr die Decke auf den Kopf.

Die Krankenkasse

Anuschka erklärt mir, dass die Krankenkasse die Kosten für das Krankengeld nicht weiter übernimmt. Ihr wurde empfohlen, einen Rentenantrag zu stellen.

Mit 44 Jahren habe ich mich noch nicht ernsthaft mit der Pension beschäftigt. Ja, Vorsorge, das schon, mit 60 Jahren wollte ich gleitend aufhören zu arbeiten. Ich habe einen richtigen Schock. Wo lebe ich eigentlich? Ich bin meilenweit von der Realität entfernt. Ich suche eine Sozialarbeiterin auf und erkläre ihr mein Problem. Sie reicht für mich den Rentenantrag ein. Es wird ein halbes Jahr dauern, bis ich Bescheid bekomme, ob ich eine Pension erhalte. Was, wenn jemand auf das monatliche Krankengeld angewiesen ist? Ich kann es nicht fassen, dass man hierüber nicht rechtzeitig informiert wird.

Ich werde zur Krankenkasse befohlen: »Sie haben am Soundsovielten bei Chefarzt Dr. Sowieso zu erscheinen.« Keine Höflichkeit, kein Bitte oder Danke. Ein Krimineller wird wahrscheinlich freundlicher behandelt. Ich komme mir vor wie ein Verbrecher, als ich zur Krankenkasse komme.

Das Gebäude ist zwar erst vor etwa 20 bis 25 Jahren gebaut worden, aber Behinderte haben sie nicht berücksichtigt. Ich passe nicht mit meiner Frau gemeinsam in den Aufzug. Sie muss für mich den Knopf drücken und dann schnell zu Fuß die Treppen hinaufeilen. Im entsprechenden Stockwerk angekommen, steht sie schon vor der Tür und kann mir hinaushelfen. Das Untersuchungszimmer wäre in Ordnung, wenn man mit einem Rollstuhl hineinkönnte. Die Tür ist leider nicht breit genug, und so werde ich im Flur untersucht. Es gibt auch keine Möglichkeit, aufs Klo zu gehen, denn für Behinderte ist keine Toilette vorgesehen. Zwei bis drei Stunden warten hält doch ein jeder aus, oder?

Weitere Geschichten aus der Neurologie

Frau Müller, eine ältere Dame mit gepflegter Ausdrucksweise, sitzt mit mir und Karin beim Essen. Sie bemüht sich um ein Gespräch und fragt Karin, was ihr denn passiert sei. Karin überlegt und sagt dann laut: »Geh in Oarsch!«

Frau Müller verschluckt sich vor Schreck und auch mir bleibt die Sprache weg. Wenn ich Karin heute darauf anspreche, kann sie sich nicht vorstellen, jemals so etwas gesagt zu haben.

Der Yassir sagt den ganzen Tag nur »Ga, ga, ga« – und er hat viel zu sagen. Seiner Frau ist das sehr peinlich. Als sie ihm den Mund abwischen will, nimmt Yassir seinen Stock und schmeißt ihn nach ihr. Er will nicht entmündigt werden. Hilde kann da schon besser mit ihm umgehen, sie lehrt ihn Lieder singen, zum Beispiel »Gern hab ich die Frauen geküsst«. Singen kann er komischerweise, jetzt singt er halt den ganzen Tag, immer das Gleiche.

Der Rocker Gerhard, ein Hüne von einem Mann, überall tätowiert, kommt auf uns zu und sagt: »Oarsch, Oarsch, Oarsch«. Ich weiß nicht, wie ich mit ihm umgehen soll. Eine Schwester erklärt mir, dass er nur eine Zigarette will. Diesen Wunsch erfülle ich natürlich gern. Die Dankbarkeit, die ich daraufhin zu spüren bekomme, ist für mich etwas ganz Besonderes.

Der Bürgermeister von Gloggnitz, alle nennen ihn nur »Bürgermeister«, versinkt in Selbstmitleid. Er enterbt seinen Sohn drei Mal am Tag. Sein Sohn weiß sich nicht mehr zu helfen. Er besucht seinen Vater ohnehin täglich. Es nützt nichts, er wird enterbt.

Rudi, mein Zimmerkollege, macht im zweiten Stock Terror. »Im Fernsehen wird nur geschaut, was ich will!«, schreit er. Dabei ist er oben nur Gast. Wahrscheinlich ist er besoffen.

Der Herr Paula hat auf allen Dingen, die ihm gehören, in großen Buchstaben seinen Namen stehen. Trotzdem ist er immer an einem anderen Schrank und manchmal sogar in meinem Bett. »Ach so, das ist Ihres? Im anderen Zimmer wurde mir gesagt, dieses Bett sei meins.«

Am liebsten hat er meine Zahnbürste in Verwendung. Ich brauche sehr oft eine neue. Man kann ihm aber nicht böse sein, er lebt einfach in einer anderen Welt.

Männerprobleme

Ich muss im Bett eine Urinprobe abgeben. Schwester Gerti denkt, das geht bei mir auf Befehl. Aber ich kann nicht auf Kommando pinkeln, und wenn mir wer zuschaut schon gar nicht. Schwester Gerti bemüht sich sehr, sie nimmt meinen Penis zwischen ihre Finger, schaut weg und schüttelt ihn. Jetzt habe ich auch noch mit einer Erektion zu kämpfen. Dabei war alles ganz einfach. Sie setzt mich, nachdem ich viel getrunken habe, aufs Klo und ich halte einen Becher darunter.

Immer morgens um sechs Uhr werden die Harnflaschen eingesammelt und ausgeleert. Die Natur hat es so eingerichtet, dass ein normaler, gesunder Mann in der Nacht bzw. frühmorgens eine Erektion bekommt. Nach dem Pinkeln ist dann alles vorbei. Nun ist aber meine Harnflasche bereits halb voll und wird erst noch ausgeleert. Die Schwester muss auch gleich hereinkommen. Was mache ich nur?

Decke weg und die halb volle Harnflasche ins Bett geholt. Ich kann mich kaum bewegen, schaffe es aber, in die Seitenlage zu kommen. Decke darüber. Ich kann nicht sehen, wo ich hinpinkle, ich spüre nur die Öffnung, sie ist etwas eng.

Ich habe nichts nass gemacht, aber ich habe Blut und Wasser geschwitzt. Später arbeitete ich dann immer mit zwei Harnflaschen. Dieses Problem haben sicher viele Männer.

Ich muss eine ganze Menge Untersuchungen über mich ergehen lassen, unter anderem eine Koloskopie. Zur Vorbereitung soll ich drei Liter von einer scheußlichen Flüssigkeit trinken. Ich bitte Denise, es wegzuschütten. Sie kostet davon und leert dann alles weg, denn sie kann mich verstehen.

Vor den Einläufen kann ich mich jedoch nicht drücken, die macht Schwester Marion persönlich. In mir rumort es und so bitte ich meine Frau, mit mir aufs Klo zu fahren. Sie hilft mir aus dem Bett in den Rollstuhl und wir fahren aus dem Zimmer zum Klo. Das erste ist besetzt. Schnell zum nächsten, Tür auf, noch eine Tür, ich kann schon die Schüssel sehen. Transfer aus dem

Rollstuhl, Drehung zur Klobrille, Hose runter. Noch im Stehen explodiere ich, so etwas hat meine Frau noch nicht gesehen. Ich habe, einen halben Meter vom Klo entfernt, die rückwärtige und die seitlichen Wände bis auf eine Höhe von einem Meter angeschissen.

Pfleger Hannes meint nur trocken: »Da sind Handschuhe, Frau Mader.«

Arme Anuschka! Sie wird in ihrem Leben bestimmt noch viel Glück haben, denn so viel von dem braunen Zeug, das kann ja nur Glück bedeuten.

Die Therapie ist schwieriger, als ich dachte. Mit ein paar Monaten werde ich nicht auskommen. Ich mache keine Fortschritte. Das Problem sind die Spastik und der Klonus. Um das Gehen zu lernen, sollte ich üben, üben, üben. Um den Klonus zu beruhigen, sollte ich dagegen ruhig sein und keine Bewegung machen, am besten wäre liegen.

Ich bewege mich im Kreis. Was für das eine gut ist, ist für das andere schlecht. Mache ich überhaupt nichts, werde ich komplett steif. Ohne Übungen würde sich mein Zustand verschlechtern. Ich werde also immer Therapie machen müssen, nur um das Ergebnis zu halten. In dieser Situation weiß auch niemand wirklich Rat. Ich blicke nicht mehr so rosig in die Zukunft.

Die Weihnachtsfeiertage darf ich zu Hause verbringen. Herrn Dr. Mühlbacher kann ich davon überzeugen, dass ich auch zu Silvester nach Hause muss. Mit einem Lächeln bewilligt er mir die Tage.

Ich weiß nicht, woran das liegt: An einem Wochenende darf ich heim, am nächsten nicht. Der Arzt meint, die Krankenkasse erlaube es nicht. Wenn derjenige, der bei der Krankenkasse dafür die Verantwortung hat, einmal in einer ähnlichen Situation wäre, dann würden solche Gesetze schnell geändert. Es müsste doch im ärztlichen Ermessen liegen, was ein Patient darf und was ihm gut, tut. So etwas kann doch nicht von einem Menschen beurteilt werden, der nur Zahlen im Kopf hat.

Besuch einer Bootsausstellung

Bei einer Ausstellung in Tulln erfahre ich von einem Glasfaserkunststoff, den der Konzern Akzo Nobel erzeugt. Für mein Boot wäre das genau das Richtige. Man könnte sogar mit einem Container zusammenstoßen und es würde nichts passieren.

Auf dieser Messe lerne ich auch den Erfinder eines Roll-reffsystems kennen. Toll, so ein einfaches Prinzip, wieso bin ich da nicht selber draufgekommen? Dieses System kommt auch auf mein Schiff. Damit braucht man nicht mehr in den Wind zu drehen, man kann reffen, wann und wo man es braucht. Einfach genial! Die Frau des Erfinders erzählt mir, dass ihr erstes Schiff auch selbst gebaut war. Meine Idee mit der Modulbauweise findet sie gut. Das macht mir Mut, weiter zu planen.

Der Höhepunkt ist der Messestand einer Firma, die mit Glasfaserkunststoff überzogene Schiffsrümpfe herstellt. Diese kleine Werft ist in Wien, im dritten Bezirk. Dem Besitzer kommt es nicht lächerlich vor, dass ein Behinderter im Rollstuhl ein Schiff plant. Er meint nur, wir müssten überlegen, wie wir das Schiff in die Adria oder in ein anderes Meer bekommen.

Der Bootshändler Feichtner transportiert seine eigenen Schiffe auch in den Mittelmeerraum. Ich habe ihn durch einen Freund kennengelernt. Ein anderer Freund hat das Donaupatent. Er bietet mir an, das Schiff über die Donau zu überstellen, es wäre dann halt im Schwarzen Meer. Das gefällt mir sehr gut. Mal sehen, ob die Brücke in Belgrad bis dahin wiederaufgebaut ist. Bis ich mit meinem Schiff so weit bin, ist der Weg auf der Donau bestimmt wieder frei und die Welt in Ordnung. Ich bin zur Therapie so motiviert, dass ich gar nicht schlafen möchte.

Bleibt nur noch das eigentliche Problem, die Finanzierung. Ich bin leider nicht Dagobert. Was kann ich machen, um zu Geld zu kommen? Lotto spiele ich, aber ob das reicht?

Im »Handelsblatt« ist ein Buch inseriert: »Millionär in drei Jahren. Es ist möglich, 20 000 DM in 1 000 000 DM zu verwandeln.« Das wäre doch was für mich! Ich bestelle das Buch und es ist für mich der Kick, ins Börsengeschehen einzusteigen. Ich bin überzeugt, dass es so funktionieren kann. Meine Abfindung und die Bausparverträge lege ich in Aktien an.

Nur Untersuchungen

Den Ärzten am Rosenhügel macht meine zu hohe Blutsenkung Sorgen, und so werde ich von einer Untersuchung zur anderen geschickt. Ich muss zur Gastroskopie (Magenspiegelung), zur Koloskopie (Darmspiegelung), zur Angiographie. Hier wird mir in der

Leiste eine Sonde in die Hauptschlagader eingeführt und bis zum Gehirn geschoben. Dort wird ein Kontrastmittel gespritzt und die Blutgefäße werden gefilmt. Ich darf dabei am Monitor zusehen, es ist sehr interessant.

Zu allem Überfluss bekomme ich auch noch eine Entzündung der Bauchspeicheldrüse. Ich erhalte vierzehn Tage lang nichts zum Essen und Trinken, nur Infusionen, das ist das Schlimmste überhaupt. Eiskalte Wattestäbchen, die nach Zitrone schmecken, sind das einzige kulinarische Vergnügen, das mir erlaubt wird. Bald können keine Infusionen mehr gelegt werden, alle möglichen Zugänge sind verschlossen. Die Ärzte finden keine Stellen mehr, um zu stechen, also wird am Hals ein Dauerzugang gemacht. Ich habe jetzt seitlich am Hals einen Stöpsel, der den Zugang nach den Infusionen verschließt. Unglaublich, was ein Mensch alles aushalten kann! Ich werde nicht einmal wach, wenn die Infusionen gewechselt werden.

Ich denke viel über einen Raubüberfall in der Kantine nach. Wenn ich die Augen schließe, erscheint mir eine gebackene Leber mir Majonäsesalat von Gerd, unserem Wirt in der Schottenfeldgasse. Wenn ich wieder essen darf, werde ich gleich zu ihm gehen. Ich denke nicht einmal mehr an mein Schiff, meine Gedanken bewegen sich nur ums Essen. Ich schaue neidisch einem Patienten nach, der einen Teller mit Resten abserviert. Als ich den ersten Zwieback essen darf, lasse ich einen Urschrei los. Das hört sich an, wie ob jemand auf einen Blasebalg steigt, so schwach bin ich.

Von einem Blutspezialisten im AKH erfahre ich, dass es einige Menschen gibt, die eine hohe Blutsenkung haben, und dass ich zu dieser Gruppe gehöre. Ich nehme mir auf alle Fälle vor, keine Untersuchungen mehr machen zu lassen, zumindest nicht so bald. Ich habe genug vom Spital und von Ärzten.

Ich bekomme die Bewilligung für den Weißen Hof. Karl-Heinz ist schon dort und freut sich auf ein Wiedersehen.

Ich hasse das Abschiednehmen, darum mache ich es kurz und schmerzlos. Ärzte, Schwestern und Therapeutinnen waren wie eine zweite Familie für mich. Herrn Professor Mamoli kann man nur beglückwünschen zu solch einem Team. Ich bedanke mich bei allen und verspreche, sie zu besuchen, wenn es mir besser geht. Der Kontakt mit Marion reißt sowieso nicht ab.

Leider kann ich mich nicht persönlich bei Professor Mamoli bedanken, da seine Sekretärin mir nur einen Termin in ein paar Wochen anbieten kann, und so lasse ich nur Blumen da.

Die paar Wochen, die ich zu Hause verbringe, überbrückt eine ganz liebe Therapeutin. Maria kümmert sich jeden Tag sehr gut um mich und ich komme auch ein Stück weiter bei meiner Therapie. Sie fragt mich nach meinem Sexualleben und ich erzähle ihr, dass wir das noch nicht wieder ausprobiert haben, denn Berührungen schmerzen unangenehm. Außerdem liebt meine Frau die Stellung oben nicht. Maria will mit mir daran arbeiten.

Mein Blutdruckmittel Dilatrend macht mich kurzfristig impotent, deshalb experimentiere ich mit Viagra und Cialis. Später setze ich dann das Generikum Carvedilol ein und siehe da, die Potenz ist wieder in Ordnung. So viel zu den Generika und ihren absolut gleichen Inhaltsstoffen. Aber mir kann es nur recht sein, denn das kommt billiger.

Die Monate am Weißen Hof

Der Weiße Hof liegt inmitten einer wunderschönen Landschaft bei Klosterneuburg. Er ist wie ein Hotel, umgeben von Sportplätzen und Wanderwegen, vergleichbar mit einer Fünf-Sterne-Ferienanlage.

Karl-Heinz und Helmut erwarten mich schon und helfen mir bei der Anmeldung. Anuschka lässt ein Telefon für mich installieren, das ist zur Zeit noch billiger als ein Handy. Anschließend bringt sie mich in den dritten Stock, zuerst zur Rezeption und dann auf mein Zimmer. Das Zimmer ist super, es hat Balkon und einen Fernseher. Toilette und Dusche sind vom Vorraum aus zu erreichen. Ein Ruck an der Balkontür und ich kann alleine raus. Überhaupt kann ich hier schon viel selbst machen, es ist alles so behindertengerecht geplant, dass man wirklich gut zurechtkommt. Sogar ins Bett kann ich allein. Überall sind Haltegriffe sinnvoll angebracht.

Für mich bietet das eine ganz neue Lebensqualität, ich bin auf fast niemanden mehr angewiesen. Anuschka räumt meinen Spind ein und dann brechen wir auf zu einer Besichtigung des Hauses. An der Rezeption ist mir eine Schwester behilflich beim Ausfüllen des Speiseplans. Ich kann zwischen drei Menüs wählen, muss mich aber gleich für vierzehn Tage festlegen. Ich bekomme einen Stundenplan mit allen Therapieterminen, so weiß ich genau, wann ich frei habe. Auch auf meine Schlafenszeit wird Rücksicht genommen. Es ist wirklich alles toll organisiert.

Anuschka besichtigt mit mir das Haus. Es ist riesengroß, ich muss aufpassen, dass ich mich nicht verlaufe. Ich versuche mir alles zu merken, denn ab jetzt muss ich überall alleine hin und dabei pünktlich sein.

Im Erdgeschoss befinden sich der Speisesaal, ein Café, eine Trafik, eine Snackbar, eine Kegelbahn, eine Schwimmhalle, Bastel- und Therapieräume. Im Keller sind außerdem Werkstätten der verschiedensten Art. Ich kann mir aussuchen, wozu ich Lust habe. Ich melde mich zu einem Computerkurs an.

Den restlichen Tag habe ich Zeit, mich einzugewöhnen, und am nächsten Morgen geht's mit voller Kraft los. Anuschka braucht jetzt nicht mehr jeden Tag zu kommen. Ich habe auch erst ab 16 Uhr frei.

Ich werde zur Erstuntersuchung gebeten. Im Sprechzimmer sind drei Ärzte und eine Therapeutin.

»Können Sie aufstehen, Herr Mader?«

Ich führe vor, was ich alles kann. Der Klonus wird sofort bemerkt und ein Arzt meint: »Ihnen wurde sicher schon gesagt, dass sich da nicht mehr viel bessern wird?«

»Nein, eigentlich hat mir jeder Hoffnung gemacht!«

»Es tut mir leid, Herr Mader, ich kann Ihnen keine Hoffnung machen.«

Ich stecke die Nachricht recht gelassen weg. Wir werden sehen. Ein wenig wird es schon noch besser werden, und wenn nicht, so kann ich damit leben. Es wird ein realistisches Ziel festgelegt, Hauptpunkte sind das Gehen und die Motorik des Arms.

Ich genieße die Wochen am Weißen Hof. Meine Frau besucht mich doch fast jeden Tag, und wenn sie keine Zeit hat, kommen meine Eltern oder Denise. Aber für Anuschka ist es jetzt auf alle Fälle leichter, auch die

Angst um mein Leben fällt weg. Ich kann mich ruhig und gezielt auf die Behandlung konzentrieren. Dabei kann ich jede Therapie haben, die ich möchte. Das Gelände wird beispielsweise von Patienten gepflegt, natürlich unterstützt durch einen geschulten Gärtner und mit der Hilfe von Therapeuten und alles auf freiwilliger Basis. Ich habe wirklich eine neue Lebensqualität. Alle Wochenenden verbringe ich zu Hause, hier gilt nicht die Regel von jeder zweiten Woche. Wenn ich Besuch habe, werde ich auf dem Wanderweg um den Weißen Hof gefahren. So spazieren wir fast jeden Tag durch diese wunderschöne Gegend. Wenn ich das vielleicht einmal selber zu Fuß gehen kann, dann habe ich mein Ziel schon fast erreicht.

Die Therapie ist nicht so persönlich wie am Rosenhügel, aber natürlich zweckmäßig. Mit meinem Arm wird kaum gearbeitet, denn ich habe noch immer starke Schmerzen. Die Ergotherapeuten lassen mich deshalb wieder zwei und zwei zusammenzählen. Ich breche diese Therapie ab und versuche etwas Sinnvolleres.

Ich borge mir ein elektrisches Wachsmesser aus und versuche, eine Krone zu modellieren. Ohne zweite Hand ist das nicht möglich. Ich versuche es mit allen möglichen Tricks, aber es wird leider nichts daraus. Außerdem verschwimmt mir alles vor den Augen, wenn ich mich auf einen Punkt konzentriere.

Mein Tagesablauf schaut so aus: Ich stelle den Wecker für sechs Uhr, meinen Zimmergenossen stört das nicht. So kann ich in aller Ruhe duschen und aufs Klo gehen. Wenn ich als Erster dusche, ist der Boden noch trocken und ich kann nicht so leicht ausrutschen. Eine Schwester schaut manchmal herein, ob alles in Ordnung ist. Sollte doch einmal etwas passieren, gibt es den Notfallknopf und sofort ist Hilfe da. Es dauert natürlich sehr lange, bis ich aus- und angezogen bin. Den Transfer muss ich jetzt selbst machen, niemand hilft mir.

Ich glaube, genau das wird natürlich bezweckt. Ich mache alles, was irgendwie geht, alleine und lasse mir nicht dabei helfen. Es ist mühsam, aber ich will ein selbstständiges Leben führen können, daher zwinge ich mich dazu. Immer wieder kommen Schwestern und fragen, ob ich Hilfe brauche. Ich bin bald sehr geachtet für meine Bemühungen um Selbstständigkeit, denn das spricht sich herum. Auch die Ärzte wissen davon und sind zufrieden mit meinen Fortschritten, die ich eigentlich am Rosenhügel begann und hier vervollständige.

Nachdem ich Zähne geputzt und mich rasiert habe, ziehe ich mich an und fahre in den Frühstücksraum. Es gibt ein Frühstücksbuffet mit Wurst, Käse, Marmelade, frischen Semmeln, Kaffee und Tee, so viel ich möchte. Meine erste Therapie beginnt um zehn Uhr. Ich habe Zeit, mir eine Zeitung zu besorgen und im Café einen Espresso zu trinken. Im Café darf geraucht werden, so kann ich mich mental auf die Therapie vorbereiten. Für mich ist das wichtig, denn ich kann viele Dinge nicht mehr so wie früher. Wenn jemand von mir verlangt, ich solle etwas jetzt und gleich machen, habe ich so etwas wie einen Blackout. Ich bin dann richtiggehend orientierungslos und verwirrt. Für alles brauche ich einen Plan, den ich dann genau ausführen kann. Anuschka meint zwar, ich müsse da flexibel sein, und ich versuche es auch, aber es gelingt mir nicht immer.

Ich habe zwar immer dieselbe Therapeutin, aber so einen Kontakt wie zu Michaela gibt es nicht. Die Therapeuten sind alle sehr um Distanz bemüht.

Man sagt mir immer wieder, dass ich meinen linken Fuß mehr belasten soll. Jetzt sage ich es mir schon selber vor, aber ich kann es nicht. Sobald ich mit dem Vorfuß den Boden berühre und Gewicht darauf gebe, fängt der Klonus an. Und zwar so stark, dass es uns »aushebt«, selbst wenn sich die Therapeutin mit ihrem ganzen Gewicht daran hängt. Wir bekommen den Klonus so nicht in den Griff.

Ich mache es wieder auf meine Art: Linkes Bein entlasten und ganz nach rechts beugen, dann beruhigt sich der Klonus. So werde ich bestimmt nie alleine gehen können. Na ja, zumindest kann ich zwei, drei Schritte machen.

Mittagessen ist zwischen 12 und 13 Uhr. Ich bekomme das Menü, das ich gewählt habe, bissgerecht vorgeschnitten, auch eine gebratene Forelle wird mitsamt den Gräten kreuz und quer zerschnitten. Getränke gibt es beim Eingang gleich in Gläsern zum Mitnehmen. Danach kann ich auf mein Zimmer fahren.

Ich stelle den Wecker für 14 Uhr, damit ich um 15 Uhr rechtzeitig zur zweiten Therapiestunde komme. Mit meinem Zimmerkollegen habe ich kaum Kontakt, er ist nur in der Nacht im Zimmer. Für mich ist das in Ordnung. Viele verbringen die Mittagszeit auf dem Balkon und liegen in der Sonne.

Vor der Therapie kann ich mich noch frisch machen und dann geht es wieder los. Ich werde gedehnt, das ist sehr angenehm. Meinen Arm darf noch immer niemand anfassen. Aber ich genese und ich spüre, wie die Kraft zurückkommt, also geschieht doch etwas Positives.

Noch einmal das Schiff

Der Entwurf meines Schiffes ist bald fertig. Ich plane einen dritten, zusätzlichen Motor, einen Jetantrieb. Damit kann ich über Leinen fahren und sie kommen nicht in die Schrauben.

Bei fast jedem Urlaub in Kroatien ist mir eine Leine in die Schraube geraten und stets musste irgendwer tauchen, um sie zu befreien. Bei unserem ersten gemeinsamen Bootsurlaub war es Walter, der tauchte. Wir legten in Medulin an, um über Nacht zu bleiben. Keiner erspähte die Muringleine und schon hatte sie sich um die Schraube gewickelt. In der dunklen, öligen Brühe des Hafens war sie nicht zu sehen gewesen. Da hängt man dann fest und treibt auf andere Schiffe zu – und kann nichts machen! Bei Windstille geht das ja noch, aber bei starkem Wind wird das eine schwierige Sache. Die Worte von Walter möchte ich nicht wiedergeben. Schuld daran war natürlich der Kapitän – also ich.

In dem brackigen Wasser der Marina war es natürlich am besten, Walter das Tauchen zu überlassen. Er schnitt sich dabei auch noch an den scharfen Muscheln am Schiffsrumpf und blutete. »Wenn da jetzt ein Hai vorbeikommt ...!«, pflanzte ich ihn und dann konnte ich nicht mehr weitersprechen, denn ich wurde von ihm mächtig nass gespritzt. Aber es war wieder ein Tag mit Hakerln, erst für mich und nach dem Manöverschluck dann auch für Walter. Ich hatte ihm die Schnapsflasche eigentlich zur Desinfektion gegeben – weiß der Teufel, warum er sich innerlich desinfizierte. Wir fanden, es war ein hervorragendes Manöver, und nahmen noch einen Schluck. Wenn man bedachte, was wir uns alles erspart hatten: eine mögliche Karambolage und auf alle Fälle einen Taucher, der eine Menge gekostet hätte. Das war einen weiteren Schluck wert! Walter konnte seine Tat nicht genug loben und wir nahmen gleich noch einen Schluck. Wenn ich die Leine gesehen hätte, wären wir nicht in diese Situation gekommen, also verdankte Walter mir diesen Erfolg – darauf tranken wir ebenfalls einen. Unsere Frauen konnten darüber überhaupt nicht lachen, sie standen gestylt und ausgehfertig an Deck. Also rasch in Hemd und Hose geschlüpft. Walter musste sich kurz noch einmal »desinfizieren«, und da ich ihm ja aus dem Wasser geholfen hatte, musste »meine Hand« natürlich ebenfalls »desinfiziert« werden.

Irgendwie kamen wir dann doch noch ins Restaurant und bei wunderbaren Scampi wurden wir wieder nüchtern. Ich konnte Anuschka überreden, auch einen Manöverschluck zu nehmen, nur Isabella ging schlafen. Ich wollte in der Nacht die Sterne schauen, Anuschka und Walter leisteten mir Gesellschaft und wir hatten einen netten, lustigen Abend.

Die Nächte sind ruhig am Weißen Hof, aber oft wird die Stille von einem markerschütternden Schrei unterbrochen. Einem Patienten, der im zweiten Stock wohnt, ist eine tonnenschwere Walze über beide Beine gerollt und diese mussten ihm abgenommen werden. Er bekommt einen Medikamentencocktail gegen seine Phantomschmerzen, dadurch träumt er immer wieder von seinem Unfall. Man weiß nicht, was schlimmer ist, die Schmerzen oder die Träume.

Meine Therapeutin denkt laut über einen Stock nach und ich nehme den Gedanken gleich auf. Lieber gehe ich mit einem Stock, als im Rollstuhl zu sitzen. Ich kann dadurch den Klonus ignorieren und komme zumindest kurze Strecken ohne Rollstuhl aus. Mit dem Stock komme ich nicht mehr so leicht aus dem Gleichgewicht und kann stundenlang im Flur auf und ab gehen. Der Klonus wird dabei aber immer schlimmer, die Ärzte und die Therapeuten wissen keinen Rat. Was soll's, ich kann damit sehr gut leben. Zu Hause kann ich mit Hilfe des Stockes zum Bett und ins Bad, alles andere erreiche ich im Rollstuhl. Mein neuer Rollstuhl ist zwar kleiner, aber durch Türen komme ich trotzdem schlecht. Mit nur einer Hand und einem Bein kann ich nicht richtig geradeaus fahren. Wenn mir Anuschka hilft, kommen wir schon durch, ich will aber unabhängig sein.

Hilde hat vom Rosenhügel ein etwa drei Zentimeter großes Kastanienpflänzchen mitgenommen und im Weißen Hof in einen Blumentopf gesetzt. Sie hegt und pflegt es wie einen Schatz. Wir sitzen gerade auf der Terrasse zusammen, als einer der wilden Rollstuhlfahrer an uns vorbeirasen will. Hilde schreit: »Pass mir bloß auf meinen Kastanienbaum auf!«

Ein Blick in das Gesicht des Jungen bringt mich schon wieder zum Lachen. Seine Miene hatte deutlich gezeigt, was er dachte: »Ist die deppert, wo ist denn da ein Kastanienbaum? Die Arme muss es ja voll erwischt haben!«

Die jungen Wilden, wie ich sie nenne, sind querschnittgelähmte jugendliche Patienten. Ich habe sie einmal Basketball spielen sehen: Ein Wahnsinn, man hat den Eindruck, sie können mit dem Rollstuhl springen!

Ich möchte wieder mit meinem Auto fahren. Dazu muss ich meinen alten Führerschein abgeben und einen neuen beantragen. Max, ein Freund, der eine Fahrschule betreibt, hilft mir dabei. Er geht mit mir zu einem »Probe-Amtsarzt«. Dieser verunsichert mich. Auf seine Aufforderung, die rechte Hand zu heben, mache ich es so, wie man es von Wildwestfilmen kennt, wenn es heißt »Hände hoch«. Er belehrt mich, dass er nicht den Arm, sondern nur die Hand gemeint habe. Die Reaktion lasse sehr zu wünschen übrig, ist seine Meinung. Trotzdem darf ich am Weißen Hof einen Reaktionstest machen und bin dabei im guten oberen Bereich. Auch die Fahrstunde verläuft positiv. Ich habe dafür einen unabhängigen Fahrlehrer gewählt, der immer mit dem Weißen Hof arbeitet. Natürlich hätte ich die Fahrstunde auch bei Max machen können, aber ich vermute, dass er nicht objektiv genug ist. Ich will ja mich und vor allem andere nicht gefährden.

Bei meinem Auto brauche ich nicht viel zu ändern. Automatik und Servolenkung sind bereits vorhanden, also brauche ich nur einen Knopf am Lenkrad und der Blinker muss mit der rechten Hand zu betätigen sein. Der neue Führerschein wird bewilligt, ich kann ihn in vierzehn Tagen abholen. Wieder ein Schritt in Richtung Unabhängigkeit. Ich bin happy!

Ich frage, ob ich eine Woche Urlaub bekommen kann. Meine Eltern haben ihren Wohnwagen in Kärnten gelassen, so könnten wir ihn jetzt nutzen und es würde nur wenig kosten. Ein bisschen mulmig ist mir schon, aber es klappt alles wunderbar. Die lange Fahrt mit dem Auto überstehe ich recht gut, und am Campingplatz ist alles eben und es gibt WC und Dusche für Behinderte.

Auch im Wohnwagen komme ich gut zurecht. Die eine Stufe ist kein Problem.

Der kurze Urlaub ist für meine Frau sehr wichtig, sie hat in den letzten Monaten über ihre Kräfte gelebt. Wir freuen uns auch, dass wir so gut zurechtkommen. Sie schleppt mich überallhin, ob zum Shoppen in einer Geschäftsstraße oder am Abend ins Restaurant. Duschen und im Supermarkt einkaufen schaffe ich schon alleine. Natürlich ist Anuschka irgendwo in der Nähe, aber im Notfall könnte ich es selbst. Das zu wissen, gibt mir Selbstvertrauen. Meine Lebensgeister melden sich wieder, ich werde richtig unternehmungslustig.

Nur mit dem Temperament meiner Frau komme ich noch nicht ganz klar. Ich bemühe mich, sie nicht zu bremsen, aber zeitweise bin ich doch überfordert. Anuschka kann mit dieser Situation aber gut umgehen, sie nimmt sehr viel Rücksicht auf mich. Ich glaube, genau dieses Zusammenspiel von ihrem Temperament und meinem Phlegma ist für mich die richtige Therapie. Sie kann mich unglaublich motivieren, das ist ihr wahrscheinlich gar nicht bewusst. Es war früher schon so: meine Frau ein Energiebündel und ich der ruhende Pol. Sie nimmt jedoch Rücksicht auf mich und ich bemühe mich, das ist eine gute Kombination.

Zurück am Weißen Hof holt mich der Alltag schnell ein, ich übe wieder das Gehen mit dem Stock. Die Ärzte hier möchten alle Untersuchungen noch einmal machen. Ich lehne ab, wofür soll das gut sein? Eine Rheumaabklärung werde ich allerdings doch machen, es könnte sein, dass daher die Schmerzen kommen. Diese Untersuchung lasse ich aber erst machen, wenn ich wieder zu

Hause bin. Ich bin therapiemüde, ich möchte wieder ein normales Leben führen. Ein Jahr Spital und Rehabilitation sind genug. Trotzdem bin ich natürlich sehr froh und dankbar, dass es diese Möglichkeiten gibt. Ohne Therapie wäre ich ein Pflegefall in einem Altenheim.

Endlich zu Hause

Jetzt wird es bald für alle leichter, ich darf nach Hause. Die Zeit am Weißen Hof war nicht schlecht, aber der gewünschte Erfolg ist nicht eingetreten. Der Weiße Hof ist hauptsächlich für die Rehabilitation von Unfallfolgen und weniger für neurologische Fälle gedacht. Allerdings hätte ich den Stock von Michaela am Rosenhügel nie bekommen. Für mich ist er aber ein guter Kompromiss, denn ich kann aus dem Rollstuhl. Auch wenn das gegen alle neurologischen Gesetze verstößt, mir ist es so recht.

Auf alle Fälle bin ich jetzt daheim, und das ist mein größter Erfolg. Ich werde jetzt auch eine Zeit lang keine Therapie machen. Und vielleicht hat dann Maria wieder Zeit für mich.

Mein Vater hat in der Dusche einen klappbaren Sitz montiert und einen Haltegriff im Klo. Die erste Zeit hilft mir Anuschka in die Dusche und beim Anziehen. Ich trage wieder normale Hosen und keinen Jogginganzug. Knöpfe sind immer noch ein unlösbares Problem für mich. Meine Frau macht mir Frühstück und ich lese die Tageszeitung, anschließend begleitet sie mich hinüber zu meinen Eltern, die erste Zeit noch im Rollstuhl.

Mein Vater bringt mich ins Labor, damit ich mich an den normalen Alltag gewöhnen kann. Um elf Uhr holt er mich wieder ab.

Ich bin gerne im Labor, es wird Kaffee getrunken und Schmäh geführt. Alle freuen sich, mich zu sehen. In der Zwischenzeit hat sich einiges geändert und Herbert hat einen Techniker angestellt. Arbeiten kann ich natürlich nichts. Wir werden einen Computer kaufen, so kann ich mich beschäftigen, wenn ich im Labor bin. Seit wir in der EU sind, muss für jede Arbeit eine Konformitätserklärung ausgestellt werden, über dieses Thema kann ich mich ein wenig schlaumachen. Ich kann auch Material bestellen. Das ist zwar keine große Arbeit, aber ich habe das Gefühl, nicht ganz unnütz zu sein. Das ist eigentlich die beste Therapie: der normale Alltag und kleine Pflichten. Ich muss mich konzentrieren und bin wieder in meiner gewohnten Umgebung. Mittags kocht Anuschka und anschließend schlafe ich. Es ist ganz schön anstrengend, nicht körperlich, aber geistig. Es gibt eine Menge neuer Materialien und die Abläufe sind mir nicht mehr geläufig. Ein Jahr weg vom Beruf und schon muss ich vieles neu lernen!

Endlich bekomme ich auch die Pension bewilligt und brauche mir für die Zukunft keine Sorgen zu machen.

Mein Neffe Herby arbeitet bei IBM. Er installiert mir einen Computer und ich versuche, das Gelernte umzusetzen. Aber was ich am Weißen Hof über Computer gelernt habe, hilft mir nicht wirklich weiter. Ich habe dort mit einem alten Windows-System gearbeitet und jetzt habe ich das neue, das komplett anders ist.

Ich will eine Konformitätserklärung schreiben – da war doch ein Schreibprogramm, Word heißt es, glaube ich. Ich finde es nicht in meinem Computer. Herby sagt mir, wie und wo ich suchen muss. Gut, das funktioniert, aber das Programm terrorisiert mich zu Anfang. Ich schreibe eine Zeile, genau wie auf einer Schreibmaschine, und plötzlich hat die nächste Zeile eine ganz andere Schriftgröße. Also lese ich in einem Buch nach und mit der Zeit beherrsche ich die Software.

Bei der Innung gibt es ein Buch zu kaufen, in dem erläutert wird, wie so eine Konformitätserklärung aussehen könnte. Auch einen Vortrag darüber höre ich mir an, Erika nimmt mich mit. Es macht mir Schwierigkeiten, alles zu verfolgen, und hinterher weiß ich nur noch Bruchstücke. Aber ich habe ja das Buch, so komme ich über die Runden. Ich möchte mir keine Blöße geben, und so lerne ich das Buch fast auswendig. Für mich ist das wieder eine gute Übung. Die meisten Menschen verbinden ja mit der Diagnose Schlaganfall nicht nur gelähmt, sondern auch blöd. Ich will mir jeden Tag selber beweisen, dass ich das nicht bin.

Ich kann mich erinnern, dass man eine Datei speichern kann, und das probiere ich gleich einmal. Ich klicke auf Datei und im Unterverzeichnis auf »Speichern unter«. Es erscheint eine Vorlage, in der ich auswählen kann, wohin ich meine Datei speichern möchte und welchen Namen ich ihr gebe. Ich fülle alles aus und klicke auf »Speichern«. Die Datei ist weg. Super, ich glaube, es hat geklappt.

Am nächsten Tag weiß ich jedoch nicht mehr, was ich wie gemacht habe. Sebastian hat über meinem Computerplatz ein Poster aufgehängt, darauf schlägt Donald Duck mit einer Hacke auf einen PC ein. Diese Hacke wünsche ich mir jetzt her, denn ich finde meine gespeicherte Konformitätserklärung nicht mehr.

Die jungen Leute können nicht verstehen, dass ich

mit dem Computer nicht umgehen kann. Sie bekommen das Arbeiten damit ja schon in die Wiege gelegt.

Zwischen mir und dem Computer entsteht eine Art Hassliebe. An manchen Tagen funktioniert alles wie selbstverständlich, an anderen Tagen geht überhaupt nichts. Ich erwische mich dabei, wie ich meinen Computer schimpfe oder lobe.

Je länger ich mit dem PC arbeite, desto besser beherrsche ich ihn. Das tut meinem Selbstbewusstsein gut. Das Motto »Lernen beim Arbeiten« ist genau richtig.

Börse

Nach dem Mittagessen schlafe ich meist eine bis zwei Stunden, danach mache ich wieder Therapie. Ich dehne meine Muskulatur und lese dabei alle Bücher, die ich über das Thema Börse bekommen kann. Anuschka macht die »Wacklerei«, wie sie es ausdrückt, nervös und sie lässt mich dabei allein. Ich kann diese Übungen auf der Sitzgarnitur im Wintergarten machen oder im Büro vor dem Computer. Das ist praktisch, so schlage ich zwei Fliegen mit einer Klappe: Ich tu meinem Körper etwas Gutes und kann gleichzeitig lesen und lernen. Neben dem Rechner habe ich mir eine Ecke eingerichtet mit den Büchern, die ich zurzeit lese, Kugelschreiber, Notizblock, Zigaretten, Bootsprospekten – eben allem, was ich so brauche. Da darf auch niemand dran, denn das ist »meine Ecke«. Mittlerweile sind die vierzehn Stufen zum Büro kein Problem mehr.

Ich habe zunächst Hemmungen, mich in das Thema Börse einzulesen, schließlich wusste ich bisher ja nicht einmal den Unterschied zwischen Brief- und Geldkursen. Das Buch »Millionär in drei Jahren« ist aber für absolute Laien geschrieben und so kenne ich mich bald ganz gut aus. Es wird erläutert, wie und wo man Aktien kauft und wo man ein Depot eröffnet, eben alles rund um Aktien. Ich lerne auch ein wenig über Optionen, davon hatte ich zwar gehört, wusste aber nichts Genaueres darüber.

Ich glaube nicht, dass der Titel übertrieben ist. Aber ich betrachte das Ganze mit der nötigen Skepsis und versuche so zu tun, als ob ich Aktien handeln würde. Ich simuliere mit 100 000 Euro. In meiner Bankfiliale frage ich nach einem Aktienspezialisten. So lerne ich Sylvia Glöckl kennen. Sie darf ich fragen, was immer ich über Aktien wissen will, und wenn die Fragen noch so blöd sind. Das hilft mir natürlich sehr und ich glaube, dass ich da in guten Händen bin. Sie borgt mir auch ein Buch über Geldanlagen und die volkswirtschaftlichen Zusammenhänge. Auf den Geschmack gekommen, lese ich alles, was über »Börse und Volkswirtschaft« geschrieben wurde, es sind bestimmt 25 bis 30 Bücher. Natürlich schaue ich auch den Fernsehsender n-tv. In einer Werbung lerne ich die »Aktien-Analyse« kennen und bestelle sie. In der »Aktien-Analyse« werden Aktien von allen wichtigen Märkten bewertet. Man kann sich als Anleger gut danach richten. Ich sehe zum Beispiel, dass die Aktie der Bank Austria sehr unterbewertet ist, und nach Rücksprache mit Sylvia Glöckl kaufe ich zu 38 Euro pro Aktie. Ich kaufe auch noch einen zweiten österreichischen Wert, Böhler Udeholm. Ich habe nun mal Vertrauen zu Österreich.

Eine Woche später ist die Bank Austria auf 45 Euro. Die Call Optionsscheine, die ich auch gekauft habe, machen einen Riesensprung in die Gewinnzone. Ich bin begeistert, mein Plan dürfte aufgehen. Die Aktie klettert auf 50 Euro und ich habe mein Kapital fast verdoppelt, denn die Optionsscheine profitieren davon überproportional.

Inzwischen kann ich den Aktienhandel über das Internet betreiben, ich habe dafür einen Zugang von meiner Bank. So brauche ich nicht jedes Mal um einen Termin bei Sylvia oder meinem Anlageberater anzufragen, sondern kann direkt ordern, sprich kaufen und verkaufen. Mittlerweile könnte ich schon selber Tipps für Aktien geben.

Auch in Fonds zu investieren ist auf diesem Weg möglich, dazu braucht man nur ein Konto, ein Depot und den Internetzugang. Das Wissen über die verschiedensten Fonds erhält man im Internet und in diversen Zeitschriften.

Obwohl der Einbruch der Börse die Aktienanleger vor ein paar Jahren hart getroffen hat, kann man auch in einer Zeit, in der andere nur Verluste machen, Gewinn bringend investieren.

Auch ich habe meine Fehler gemacht. Ich wusste, wie es geht, habe mich aber wegen Zeitmangel nicht darum gekümmert und bin in den Urlaub gefahren. Aber ich habe mit dem Traden eine Beschäftigung für mich gefunden, die ich auch noch im hohen Alter machen kann. Einen Job in einer anderen Branche zu bekommen, noch dazu behindert und 50 Jahre alt, ist unmöglich. In Amerika macht das schon jeder Zweite als Nebenjob. Man braucht nur einen Computer und einen

Internetanschluss. Das nötige Wissen für diese Tätigkeit werde ich im Folgenden kurz beschreiben.

Ich möchte an dieser Stelle ausdrücklich betonen, dass
mein Bericht keine Aufforderung ist, in Aktien zu investieren! Ich will lediglich erklären, worum es dabei
geht und wie ich mich selbst um meine Vorsorge küm-
mere, obwohl ich behindert bin. So kann ich mir später aussuchen, wie ich meinen Lebensabend verbringen
will und vielleicht sogar eine Krankenschwester oder
einen Pfleger anstellen, sollten wir einmal in die Situation kommen, dass dies notwendig wird.

Erfahrungsbericht eines Daytraders

Aus den vielen Büchern war auch etwas über Daytrading zu erfahren, und genau das wollte ich machen.
Ich wollte genauso Handeln können wie ein Profi. Nach
einem Seminar bei Georg Müller waren mir die Zusammenhänge so weit klar, dass ich langsam damit beginnen
konnte (Online-Seminar: www.daytrading-info.de).

Die Verluste, die ich als Investor hinnehmen musste,
hätte ich als Daytrader nicht gehabt. Denn dabei gibt es
keine offene Position über Nacht. Viele halten Daytrader für Zocker, doch das stimmt nur begrenzt. Ich sehe
einen Zocker eher im Kasino.

Georg Müller erklärte auch, wo man diese Handelsplattform finden kann. Da in Amerika sehr viele Menschen neben ihrem Beruf handeln, sind diese Plattformen den europäischen weit überlegen.

Die Plattform für Profis

N un ist mein Englisch nicht das beste, also suchte
ich im Internet nach amerikanischen Plattformen
in deutscher Sprache. Ich wurde fündig auf der Seite
www.specta-austria.at

Andreas Maier und Marc Lorünser sind zwei Daytrader der Sonderklasse. Marc hat mir privat die Software erklärt und damit eigentlich nebenbei ein Seminar
geboten. Per E-Mail bekam ich einen Link und konnte
mir die Software auf meinen PC laden. Die Installation
war problemlos.

Diese Plattform sieht folgendermaßen aus: Man öffnet den Browser und danach die Software. Die Plattform erscheint grau und leer bis auf ein paar Buttons,
unter anderem »Log in«. Hier kann ich den Benutzer-
namen und das Passwort eingeben und sofort nach dem
Okay wird die Plattform freigegeben.

Es baut sich die Tradingplattform mit dem Level 1
und dem Level 2 auf, integriert ist die Eingabemaske
mit »sell« und »buy«, bei mir im rechten unteren Viertel
des Bildschirms, links daneben der Minutenchart. Es
gibt kein umständliches PIN/TAN-Verfahren, bis man
die Erlaubnis zum Handeln hat. Im linken oberen Viertel ist der »Market-Minder«, da kann ich alle Aktien
verfolgen, die ich beobachten möchte, und wenn eine
interessant wird, habe ich sie mit einem Klick in der
Maske, mit Chart und allem Drumherum. Im rechten
oberen Viertel kann ich mein Depot verfolgen und auch
meine Kaufkraft.

Marc Lorünser und Andreas Maier sind jederzeit zu

erreichen und helfen bei der Einrichtung eines Kontos und der nötigen Software. Selbstverständlich stehen die beiden auch als »Support« zur Verfügung, ob bei Kontoproblemen oder technischen Angelegenheiten. Auf jeden Fall helfen sie, wo sie können.

Die Mindestkontogröße bei meiner Bank, einer Clearing-Firma, die speziell für Daytrader eingerichtet ist, beträgt 10 000 Dollar, geeignet für Investoren (halten die Aktien ein Jahr oder auch länger) und Positionstrader (halten die Aktie über Tage, Wochen und Monate). Für Daytrader (Momentum-Scalper oder Swingtrader) gilt eine Mindestkontogröße von 25 000 Dollar. Der Broker wurde 2001 geändert und ist jetzt »Investin«, eine Clearing-Firma, wo mein Geld zum Handeln parkt.

Einmal probieren

Ich begann mit Swingtrading (halten über Minuten, Stunden, vielleicht Tage) und bekam dadurch die Sicherheit für die Plattform. Ich musste auch nicht gleich mit voller Konzentration arbeiten. Es empfiehlt sich, so zu beginnen, denn man hat für seine Überlegungen einfach mehr Zeit. Momentum-Scalping ist später immer noch möglich, wenn man die Plattform im Schlaf bedienen kann.

Wichtig ist auch das Routing meiner Order. Ich kann diese über verschiedene Wege platzieren, das kann von großer Bedeutung sein.

»Order Routing« heißt, über das Internet eine Order direkt an einem elektronischen Handelsplatz zu platzieren, sie also in einen virtuellen Raum zu schicken, wo eben alle elektronischen Orders (ECNs) zusammengeführt werden. Nasdaq oder Xetra sind solche Plätze. Man muss versuchen, die Order am schnellsten und vor allem richtig zu platzieren.

In den virtuellen Räumen gibt es verschiedene Wege, um zu einer Ausführung zu kommen. Wie ich schon erwähnt habe, sind dies der Nasdaq und Xetra, aber auch auf der Präsentbörse NYSE (New York Stock Exchange) kann eine Order elektronisch erfolgen. Hier gibt es aber nur die Möglichkeit, über »Dot« und »Super Dot« zu routen.

Ich werde die einzelnen Routings aufführen, aber um damit zu arbeiten, sollte ein Seminar gemacht werden. Es würde hier zu weit führen, alles genau zu erklären.

»SOES« (Small Order Execution System): Hier sind Limit oder Market Orders durchführbar. Die Ausführungen sind nur zum Inside Bid/Ask möglich.

»SNET«: Order direkt mit Market Maker. Man muss nicht befürchten, Teilausführungen zu bekommen.

»ARCA«: Automatisches System, sucht nach der besten Möglichkeit zwischen MM und ECN. Es kann zu Teilausführungen kommen.

»ISLD«: Findet das System im ISLD-Orderbuch keinen Gegenpart, wird die Order im Level II nur inseriert, wenn ein Kaufgebot unter dem Inside Ask bzw. ein Verkaufsgebot über dem Inside Bid liegt.

Bei den europäischen Systemen gibt es leider keine Möglichkeit zu routen, das ist mit ein Grund, die amerikanischen Plattformen zu verwenden.

Verdienen bei fallenden Kursen

Man nennt das »Shorten« oder »Leerverkaufen«. Ein Beispiel: Ich borge mir 100 Aktien aus und verkaufe sie. Der Kurs beträgt zurzeit 50 Dollar. Ich bekomme dafür 5000 Dollar auf meinem Konto gutgeschrieben. Der Kurs fällt auf 48 Dollar und ich kaufe sie zurück. Mir werden 4800 Dollar von meinem Konto abgebucht und die restlichen 200 von den 5000 Dollar gehören mir (immer ohne Spesen gerechnet).

WARNUNG: Der Kurs kann höher steigen, als er fallen kann. Fallen kann er nur auf einen Wert von 0, steigen kann er auch auf 200 bis 300 Dollar – und dann möchte ich nicht zurückkaufen müssen, denn dann hat man schnell 20 bis 30 000 Dollar Schulden. Also beim Shorten unbedingt diszipliniert auf die Stopps achten!

Indikatoren

Indikatoren können ein Signal zum Kaufen oder Verkaufen anzeigen. Natürlich immer unter Verwendung anderer Hilfsmittel wie Chart und Level 2.

»RSI«: Der Relative Stärke-Index zeigt an, ob die Aktie überkauft oder überverkauft ist. Bei vielen Indikatoren reicht die Skala von 0 bis 100. Werte von 70 bis 100 sind als überkauft und Werte von 0 bis 30 als überverkauft zu betrachten.

»ADX« (Average Directional Movement Index): Wird zur Bestimmung der Trendstärke verwendet, zeigt aber nicht, in welche Richtung der Trend geht. Wenn eine nach oben gerichtete Bewegung, die größer als 35 ist, plötzlich nach unten abknickt, ist das ein mögliches Signal einer Trendumkehr.

»Momentum«: Der Indikator beschreibt die Dynamik eines Marktes.

»Gleitende Durchschnitte« zeigen den Durchschnittswert eines Kurses an. Dabei ist es verschieden, wie viele Kurse in die Berechnung einbezogen werden. Diese liegen bei 3 bis 200 Tagen. Gleitende Durchschnitte glätten den Kursverlauf. Es wird ein Mittelwert von mehreren Kursen grafisch dargestellt. Für den Zeitabschnitt des ersten GD nehme ich 9 Tage und für den zweiten GD 38 Tage. Der GD(9) zeigt einen kurzfristigen und der GD(38) den längerfristigen Trend an. Der GD(9) reagiert schneller als der GD(38). So kommt es zu Überkreuzungen der Linien. Wenn jetzt der schnellere GD(9) den langsamen GD(38) von unten nach oben kreuzt, ist das ein Kaufsignal, natürlich in Verbindung mit anderen Hilfsmitteln wie Chart usw.

»Stochastik«: Der Stochastik-Indikator wird ebenfalls mit zwei Linien dargestellt (%D und %K). Überkreuzen sich die langsame Stochastik-%D- und die schnelle Stochastik-%K-Linie, gibt das ebenfalls ein Kauf- oder Verkaufssignal.

Natürlich gibt es noch andere Indikatoren. Die hier beschriebenen verwende ich selber. Das soll nicht heißen, dass andere Indikatoren schlecht sind, jeder muss eben für sich den passenden finden.

Ich bin sicher, dass viele Anfänger nicht genau wissen, worauf sie sich einlassen und welche Arbeit auf sie zukommt. Denn ohne Wissen ist Daytrading bestimmt mit einem Kasino vergleichbar. Ich kenne niemanden, der aus dem Kasino jeden Tag eine gewisse Summe mit nach Hause nehmen kann. Das wird auch beim Daytraden nicht der Fall sein. Ich will aber so wenig wie möglich dem Zufall überlassen. Im Kasino dagegen bin ich dem Zufall ausgeliefert. Unterm Strich möchte ich natürlich mehr Gewinne als Verluste machen.

Bei Aktien habe ich zumindest mehrere Möglichkeiten, um einen Kursverlauf vorhersagen zu können. Wenn zum Beispiel ein Kurs an einem Tag stark ansteigt, fällt er am nächsten Tag mit fast hundertprozentiger Sicherheit, zumindest vorbörslich. Denn dann gibt es natürlich einige, die einen schönen Gewinn gemacht haben, und den möchten sie nicht wieder hergeben. Sie steigen aus, und wenn das viele sind, fällt der Kurs. Mit diesem Wissen habe ich schon mal mehr Gewinnchancen, als ich im Kasino je haben werde.

Natürlich muss ich mich über jede Aktie informieren. Ich weiß vorher, ob die Firma gute Aufträge bekommen hat und kann daher einschätzen, ob sie Gewinne oder Verluste machen wird. Ich bin heute nicht mehr zu schüchtern, einem Firmenmanagement Fragen zu stellen, entweder per E-Mail oder telefonisch. Mein Gesprächspartner kann ja nicht wissen, ob ich nur 100 oder 100 000 Aktien besitze. Im Allgemeinen bekomme ich wirklich schnell ausreichende Informationen. Also keine Scheu vor einem Vorstandsmitglied, das ist auch nur ein Mensch. Und er ist mir gegenüber verantwortlich. Das ist natürlich mit Arbeit verbunden, das muss jedem klar sein. Bevor ich mich an einer Firma beteilige, will ich alles über sie wissen.

Mit dem »guten« Rat eines Freundes habe ich dagegen so meine Erfahrungen gesammelt. Ich stehe heute jedem misstrauisch gegenüber, der mir einen »hundertprozentigen Tipp« gibt. Ich vertraue nur selbst eingeholten Informationen. Wenn ich über eine Firma nicht Bescheid weiß, steige ich nicht ein.

Mir ist es egal, ob ich nur einen Tag, einen Monat oder mehrere Jahre mit einer Aktie an einer Firma beteiligt bin. Ich habe hier ein gewisses System. Das verfolge ich äußerst diszipliniert. In jedem Beruf muss man seine Arbeit gut machen, da gibt es auch Regeln, die einzuhalten sind. Ich jedenfalls betrachte Daytrading schon fast als Beruf.

Mein Tagesablauf

Ich stehe um halb fünf Uhr auf, frühstücke ausgiebig und lese die Tageszeitung. Dann dusche ich und ziehe mich an. Um sieben Uhr gehe ich aus dem Haus und fahre in unsere Firma. Das ist für mich nichts anderes, als hätte ich eine Rehastunde mit einer Therapeutin, denn wirklich arbeiten kann ich da nichts. Ich bleibe bis etwa zehn Uhr, trinke Kaffee, schaue in den Computer und erfahre die ersten Nachrichten. Dann fahre ich wieder nach Hause und esse eine Kleinigkeit. Anschließend lege ich mich eine Stunde hin und schaue die Börsenkommentare und Live-Nachrichten der Fernsehsender an. Dabei kann ich die hohe Spastik, die sich mittlerweile gebildet hat, loswerden.

Ab zwei Uhr nachmittags bin ich im Büro meines Hauses und beginne mit meiner Arbeit. Gibt es Neuigkeiten, hat eine Aktie besondere Gewinne/Verluste gemacht? Um 14.30 Uhr beginnt die Vorbörse in Amerika, da sehe ich schon die ersten Kurse und Futures, die auch ein wichtiger Indikator sind. Steigen die Futures, ist es ziemlich sicher, dass auch der Index steigt und vielleicht auch meine Aktien, die ich beobachte. Das kann ich mir nicht entgehen lassen, denn dadurch kann ich einschätzen, in welche Richtung der Markt will.

Um 15.30 Uhr fängt der Run auf die Börse an, jetzt heißt es gezielt die Strategie verfolgen. Bin ich investiert oder will ich kaufen, dann muss ich laufend die Kurse im Auge behalten und das gesetzte Limit, sprich den Stopp (beim Ein- und Aussteigen) beobachten. Wenn von einer Aktie einige hunderttausend in der Minute den Besitzer wechseln, rennt der Level geradezu wahnsinnig schnell und ist fast nicht mehr zu kontrollieren. Ich muss auf diese Situation vorbereitet sein.

Jetzt ist wichtig, wie ich meine Order route, denn ohne dieses Wissen erhält man womöglich keine Ausführung. Wenn ich unbedingt raus oder rein möchte und ich bekomme aufgrund meiner Unkenntnis keine Ausführung, ist mein Plan zum Scheitern verurteilt.

So gegen Mittag (in Amerika) macht der Markt fast

sicher eine Verschnaufpause, manchmal auch zwischendurch. Diese Pausen nütze ich ebenfalls zur Erholung. Ich kann nicht sechs bis acht Stunden konzentriert arbeiten. Aber ich habe den Markt immer im Auge. Deshalb habe ich in meinem Büro ein Sofa, auf dem ich ruhen kann, ohne die Kurse aus den Augen zu verlieren. In dieser Zeit recherchiere ich oft auch über Neuigkeiten, die ich aus den Nachrichten am zweiten Bildschirm erfahre.

Zum Börsenschluss schaue ich noch, ob irgendwelche nachbörslichen Nachrichten kommen, und gehe dann gegen 23 Uhr ins Bett.

Es ist also ein richtiger Arbeitstag. Natürlich müsste ich am Vormittag nicht in meine Firma gehen, aber genau das hilft mir, Disziplin zu halten, und ich mache Rehabilitation ohne mich dazu zu zwingen. An Bequemlichkeit gewöhnt man sich sehr rasch und dann möchte man bald gar nichts mehr tun. Wenn man beim Traden Fehler aufgrund von Undiszipliniertheit macht, ist es schnell zu spät und man hat einen saftigen Verlust.

Ich habe bei meinen Erläuterungen von Stopps gesprochen. Das möchte ich im Folgenden genauer erklären. Da steckt nämlich auch ein System dahinter.

Stoppmanagement und Charttechnik

Ich gebe hier wieder, was ich bei Georg Müller gehört, gelernt oder gelesen habe und was für meine Arbeit als Daytrader äußerst wichtig war und ist.

Zu Beginn fragte ich mich, wozu ein Stoppmanagement gut sein sollte – wenn mir der Verlust zu groß wird, steige ich einfach aus. Aber wann ist der Zeitpunkt zum Aussteigen? Wann ist der Verlust zu groß? Als ich das Buch von Georg Müller gelesen hatte, wusste ich die Antwort.

Das Stoppmanagement ist ein wesentlicher Bestandteil des Risikomanagements. Stopps sind vom Trader definierte Ausstiegspreise. Erreicht der Kursverlauf einer Aktie den Stopp-Preis, wird gehandelt – egal, ob ich kaufen oder verkaufen möchte. Mit Hilfe von Stopps lassen sich Verluste begrenzen und Gewinne absichern.

Am Anfang eines jeden Stoppmanagements steht die Definition von Risikozielen: Wie viel bin ich maximal bereit, bei einem Trade zu verlieren? In der Regel arbeiten Daytrader mit einem Risikoziel von einem bis maximal zwei Prozent. Verfügt ein Trader über ein 40 000-Dollar-Konto, sollte er nicht mehr als 400 Dollar Verlust pro Trade riskieren.

Um dieses Risikoziel zu kontrollieren, setzt er beim Einstieg in eine Position einen Verlustbegrenzungsstopp fest. Er weiß also zu Beginn eines Trades, dass der Kurs, sollte er gegen seine Position laufen, dies maximal bis zu dem vorher bestimmten Preis tun darf. Wenn diese Kursmarke erreicht ist, wird der Trader die Position schließen.

Ein Beispiel: Ein Trader kauft eine Aktie zu 40 Dollar und setzt den Verlustbegrenzungsstopp bei 39,50 Dollar. Um sein Risikoziel von einem Prozent (400 Dollar) nicht zu überschreiten, darf er bei diesem »Stopp Loss« maximal 800 Aktien handeln. Denn würde der Stopp realisiert, verliert die Position 0,50 Dollar pro Aktie und somit insgesamt 400 Dollar.

Das Setzen der Stopp-Loss-Marke hat also Einfluss auf die Entscheidung, wie viele Aktien ich handeln kann.

Bleiben wir bei unserem Beispiel und beobachten wir den Kursverlauf. Der Trader hat also 800 Aktien und einen Verlustbegrenzungsstopp auf 39,50 Dollar, sollte der Kurs fallen. Läuft der Kurs nach dem Einstieg aber in die gewünschte Richtung auf 40,50 Dollar, wird der Verlustbegrenzungsstopp zum Break-Even-Stopp, der Stopp wird also nachgezogen auf 40 Dollar. Klettert der Kurs weiter auf 41 Dollar, wird der Break-Even-Stopp zur Gewinnabsicherung auf 40,50 nachgezogen. Denn nichts ist demoralisierender als ein Trade, der aus einem zwischenzeitlichen Gewinn wieder in den Verlust läuft.

Werde ich drei Mal an einem Tag ausgestoppt, höre ich für den restlichen Tag auf zu handeln. Passiert das drei Tage hintereinander, ist für den Rest der Woche Schluss und ich beginne erneut mit Paper Trading, also Simulation, bis ich wieder ein Gefühl für den Markt habe.

Im Time-and-Sales-Fenster sind die Trades, die tatsächlich stattgefunden haben, zu sehen, und zwar ob sie zum niedrigeren Bid- oder zum höheren Askpreis ausgeführt wurden. Das sagt mir, welche Seite eher bereit ist, den Handel zu machen. In Verbindung mit dem Nasdaq-Orderbuch, Level 2, habe ich damit schon eine Menge Informationen.

Ich sehe also vorher, wer kaufen oder verkaufen möchte, ich erkenne auch den Kauf- und Verkaufsdruck. So kann ich schon etwas mehr in die Zukunft interpretieren.

Links neben diesem Fenster finde ich den Minutenchart, an dem ich den Kursverlauf in grafischer Darstellung verfolgen kann.

Wie kann ich aus der Vergangenheit in die Zukunft interpretieren? Man sucht nach markanten Punkten und verbindet diese zu einer Linie. Alle tiefen und alle hohen Kurse zu einer Linie verbunden ergeben eine Trendlinie.

Zeigt die Trendlinie nach oben, sprechen wir von einem Aufwärtstrend, zeigt sie nach unten, ist es ein Abwärtstrend.

Geht der Trend nach oben, liegt diese Linie unterhalb, sie verbindet die Tiefs miteinander. Umgekehrt liegt die Trendlinie oberhalb, wenn der Trend nach unten zeigt, sie verbindet alle Hochs. Verschiebt man diese Trendlinien parallel zum tiefsten Tief oder höchsten Hoch, erhält man einen Trendkanal.

Der Kurs wird so lange im Trendkanal hin und her schwanken, bis er nach einer Seite ausbricht. Auf solch einen Augenblick wartet ein Daytrader. Bricht der Kurs nach oben oder unten aus, darf man annehmen, dass es noch weiter in die Richtung des Ausbruchs geht. Die Vergangenheit hat gezeigt, dass diese Vermutung fast immer zutrifft.

Warum ist das so? Nun ja, wenn sich alle an diese Charts halten und auf einen Ausbruch reagieren, dann wird sich der Kurs so entwickeln wie vorhergesagt. Es ist eigentlich eine selbst erfüllende Prophezeiung.

Solche Ausbrüche können eine gute Gelegenheit für einen Trade sein. Es ist also sinnvoll, einen Chart zu verfolgen. Ich kann mir vorher ein Bild davon machen, bei welchem Punkt ich ein- oder aussteigen werde.

Schöne Signale im Chart sind auch die Bildung eines Doppelbodens (W-Formation) oder eines Doppeltops (M-Formation). Eine V-Formation bildet sich oft nach einer Kurslücke, einem sogenannten Gap. Oft eröffnen Aktien mit einem Gap einen neuen Handelstag, wenn der Kurs tiefer oder höher eröffnet, als er am Vortag geschlossen hat. Meist wird das Gap noch am selben Tag oder in der nächsten Zeit geschlossen, das heißt, wir sind dann wieder bei dem ursprünglichen Schlusskurs und haben vielleicht ein paar Dollar pro Aktie verdient.

Cutting the Spread

Das ist das Geschäft der Market Maker. Als Spread bezeichnet man die Differenz zwischen dem besten Bid und dem besten Ask, also dem besten Kaufgebot und dem besten Verkaufsgebot.

Ist das beste Kaufgebot 40 und das beste Verkaufsgebot 41 Dollar, versucht der Market Maker diese Differenz auszugleichen. Er stellt ein Kaufgebot mit 40,25 Dollar, also etwas besser als das vorherige. Bekommt er die Aktien, versucht er diese gleich wieder zu verkaufen, und zwar zu 40,75 Dollar. Wenn er 1000 Aktien handeln kann, würde er 500 Dollar Gewinn machen.

Irgendwann hörte ich von einem Market Maker, der meinte, das Geschäft ist nicht mehr das, was es einmal war. Aber bei einer guten Gelegenheit kann man so ohne Weiteres einsteigen und den Trade als Swing weiterlaufen lassen.

Hierbei geht es darum, eine Aktie zu finden, die einen möglichst großen Spread aufweist und sich möglichst wenig bewegt.

Momentum-Scalping

Es kommt oft vor, dass die Bewegung in einer Aktie sehr schnell vor sich geht. Nicht selten werden 100 bis 200 000 Aktien in der Minute gehandelt. Oft findet man das zu Beginn der Handelszeit. Viele Daytrader versuchen, diese Dynamik (Momentum) für sich zu nutzen. Sie schneiden einen kleinen Teil von dem Preisanstieg oder Preisabstieg für sich ab. Natürlich muss man jetzt wissen, wie man in eine Position hinein- und auch wieder herauskommt. Da ist es gut, wenn man das Routing und die Plattform beherrscht. Nicht umsonst wird das Momentum-Scalping als Königsdisziplin der Daytrader angesehen.

Möchte ich zum Beispiel hinein und tippe in das vorgegebene Feld erst den Kurs und dann noch die Stückzahl der gewünschten Aktien ein, ist der Kurs schon nicht mehr aktuell, wenn ich ihn abschicken will. Dabei kommt es natürlich auch auf die Geschwindigkeit der Internetverbindung an.

Ich möchte ja wissen, wie lange der Datenstrom zur Zieladresse braucht. Sie können dies mit einem aus dem Internet geladenen Ping- und Traceroute-Programm tun (www.webattack.com/download/dingplotter. shtml).

Mit einer ADSL Verbindung sind sie auf alle Fälle schnell genug. Vorbörslich kann man wie die Marketmaker es tun, ein »utopisches Gebot« inserieren und gleich wieder rausnehmen. So können sie sehen, wie schnell sie handeln können. Im Level II kann man das gut beobachten.

Buchempfehlungen

Es gibt zwei Bücher von Andreas Maier und Marc Lorünser, die ein Daytrader haben sollte: »Online Day Trading für Einsteiger« und »Direct Access Trading«.

»Online Day Trading für Einsteiger« hilft dem Anfänger, systematisch und umfassend Online Daytrading zu betreiben.

Börseninformationen und Wertpapierkäufe via Internet verschaffen dem Anleger heute entscheidende Wettbewerbsvorteile, falls man sich auf dem Daten-Highway auskennt. Das ambitionierte Buch der beiden erfahrenen Online-Daytrader ist ein systematischer Wegweiser zu den wichtigsten europäischen und amerikanischen Finanzmärkten. Die Autoren zeigen Schritt für Schritt, welche Hard- und Software-Voraussetzungen fürs Daytrading notwendig sind. Ferner erklären sie alle wichtigen Begriffe aus der Welt der Aktien, Optionen und Futures an mustergültigen Praxisbeispielen.

Wie Sie schnell den richtigen Online-Broker finden können, zeigt der Vergleich zwischen namhaften europäischen Online-Brokern und Direktbanken. Der Schlüssel zum Erfolg liegt für die beiden Daytrader im direkten, schnellen Zugriff auf entscheidende Informationen und in ihrer professionellen Auswertung. Wo Sie hier fündig werden, lesen Sie ebenfalls in diesem Buch. Zusätzlich werden Sie mit allen gängigen Tradingarten vertraut gemacht und bekommen eine Vielzahl bewerteter Daytrading-Strategien vorgestellt. Ein umfangreiches Glossar, aussagekräftige Kurslisten und unverzichtbare Internetadressen runden dieses Werk für Einsteiger ab.

»Direct Access Trading« kann als Trading mit Direktzugang übersetzt werden und bietet ein besseres Orderhandling bzw. Orderrouting für jedermann. Der Grund: Käufer und Verkäufer einer Aktie wirken direkt mit dem Markt zusammen und umgehen die traditionellen Mittler der Wall Street, die Broker und Market Maker. Zusammen mit schneller, benutzerfreundlicher Software und der richtigen Vorgehensweise kann ein Privatanleger jetzt seine Orders aufgeben und binnen Sekunden erfahren, ob ein Verkäufer die Offers zum gewünschten Preis angenommen hat.

Optionen

Ich hörte immer nur: »Hände weg von Optionen, denn das ist sehr riskant. Da verlierst du alles.« Das habe ich geglaubt, bis ich auf ein Buch von Bernie Schaeffer gestoßen bin.

Was ist eigentlich eine Option? Nun, ich kann eine Option auf ein gemietetes Haus am Meer, zum Beispiel im August, bekommen. Der Besitzer verspricht mir, das Haus auf alle Fälle im August für mich zu reservieren. Durch eine geringe Anzahlung wird das gewährleistet. Ich kann also sicher sein, meinen Urlaub in diesem

Haus verbringen zu können und ich weiß auch, was die Miete kosten wird. Wenn ich ein Schiff chartern oder eine Reise buchen möchte, läuft das auch so. Wer von uns hat das noch nicht gemacht?

Es ist im normalen Leben also durchaus üblich, mit Optionen umzugehen. Warum haben dann so viele Menschen Angst vor Optionen? Besteht die Welt aus lauter Betrügern? Musste ich schon einmal eine Reise bei der Bestellung vollständig bezahlen und trotzdem war sie dann zum gewünschten Zeitraum weg? Wohl kaum!

Einleitend sei Folgendes gesagt: Optionen sind moderne Finanzinstrumente. Die Finanzmärkte gewinnen in der Weltwirtschaft immer mehr an Bedeutung und dabei spielen derivate Finanzinstrumente eine immer größere Rolle. Ein Teilbereich dieser modernen Instrumente sind die Optionsgeschäfte.

Optionen haben vielfältige Eigenschaften und können somit zu den unterschiedlichsten Zwecken verwendet werden. Bei einer nüchternen, kontrollierten und kalkulierten Verwendung können sie sehr erfolgreich eingesetzt werden.

Es gibt Absicherungs-, Rendite- und Spekulationsgeschäfte. Optionen werden weltweit auf die verschiedensten Objekte gehandelt, dazu zählen Agrarprodukte, Waren, Devisen, Edelmetalle, Zinsen, Aktienindices und einzelne Aktien.

Beschränken wir uns auf den deutschen Markt. An der Deutschen Terminbörse (Eurex) können Sie Optionen auf den Aktienindex, DAX, auf einzelne deutsche Aktien und auf den US-Dollar handeln.

Die Eurex ist seit 1990 eine vollelektronische Börse mit denselben Vorteilen wie vorher bei den Aktien besprochen. Ich kann mit ein und derselben Plattform auch Optionen handeln.

Das Faszinierendste an den Optionen ist sicher die enorme Hebelwirkung, das heißt, Sie können mit geringem Einsatz große Gewinne erzielen. Verlieren können Sie nur Ihren Einsatz. Durch den begrenzten Kapitaleinsatz ist der mögliche Verlust jedoch von vornherein bekannt und damit limitiert. Der Reiz an diesem Geschäft ist eben die Tatsache, dass der Verlust der getätigte Kapitaleinsatz ist, aber der Gewinn theoretisch unbeschränkt sein kann. Es ist keine Seltenheit, dass eine Option von 10 auf 50 Euro steigt. So wird aus einem Einsatz von 1000 Euro schnell ein Betrag von 5000 Euro.

So kann es von Vorteil sein, lediglich eine Option zu kaufen, anstatt eine Aktie zu erwerben. Steigt die Aktie um 5 Prozent, so kann die Option schnell 100 bis 200 Prozent zulegen. Wie stark die Hebelwirkung ist, hängt davon ab, welche Laufzeit die Option hat und mit welcher Volatilität sie gerade bewertet wird.

Die vier Basisstrategien

Doch nun zum Wesentlichen. Es stehen zwei Arten von Optionen zur Auswahl, ein Call (Kaufoption) und ein Put (Verkaufsoption). Außerdem gibt es zwei Seiten beim Optionsgeschäft, den Optionskäufer und den Optionsverkäufer (auch Stillhalter genannt).

Somit gibt es vier mögliche Grundstrategien im Optionsgeschäft:

- Kauf eines Calls
- Kauf eines Puts
- Verkauf eines Calls
- Verkauf eines Puts

Mit dem Kauf eines Calls, spekuliert der Optionskäufer auf steigende Aktienkurse, mit dem Kauf eines Puts spekuliert er auf fallende Aktienkurse. Der Verkäufer, meist Banken, rechnet mit konstanten Aktienkursen.

Optionsstrategie

Durch die Kombination von einer oder mehreren Basisstrategien lässt sich eine ganze Reihe interessanter Taktiken kreieren, die alle den Zweck verfolgen, bei bestimmten Markteinschätzungen die Gewinnchance hoch und das Risiko möglichst gering zu halten. Es gibt viele entscheidende Vorteile. Sie können für unterschiedliche Börsenphasen immer eine passende Strategie anwenden.

Wenn Sie nur mit Aktien handeln, stehen Sie immer unter dem psychologischen Zwang, etwas zu verpassen, weil Sie an steigenden Kursen interessiert sind.

Bei Optionen gibt es dagegen immer gute Gelegenheiten, egal, welches Kursniveau gegeben ist. Sind die Kurse extrem niedrig, kauft man Aktien und Calls. Sind die Kurse extrem hoch, kauft man Puts, um den bestehenden Aktienanteil, der sich im Besitz befindet, abzusichern. Man kann auch beides machen, wenn der

Kurs weder besonders hoch noch extrem niedrig ist.

Der Aktienkäufer kann es nicht so gelassen sehen. Bin ich in einer Long Position und der Kurs fällt, werde ich mit einem kleinen Verlust ausgestoppt. Bin ich Short, ist das okay. Mit einem Put verdiene ich aber durch die Hebelwirkung mehr als ein Short-Seller.

Optionsstrategie anzuwenden heißt, mit viel Überlegung und nüchternem Verstand an die Sache ranzugehen. Das hat überhaupt nichts mit »Zocken« zu tun. Nur die Unwissenden werden leichte Beute der überlegt handelnden Optionsstrategen.

Also informieren Sie sich, damit auch Sie zu den langfristigen Gewinnern gehören.

Das Absicherungsgeschäft

Im Fondsmanagement ist der Einsatz von Optionsstrategien nicht mehr wegzudenken. Die Effizienz dieser Strategien können Sie in der Fondsperformance ablesen. Wenn Sie den Kursverlauf eines Aktienfonds betrachten, können Sie sehr schnell feststellen, ob das Management Optionsstrategien einsetzt.

Besonders auffällig wird das bei kräftigen Kursrückgängen an den Börsen, die durchaus abgefangen werden können. Hier kommt nämlich ein ganz wichtiger Bereich der Optionsstrategien zum Einsatz: die Absicherungsstrategie. Aber nicht nur Fondsmanager, sondern auch Sie als Privatanleger sollten sich dieser interessanten Technik unbedingt bedienen.

Wenn die Kurse an den Börsen ordentlich gestiegen

und gute Gewinne angefallen sind, sollten Sie immer daran denken, diese Buchgewinne sicherzustellen. Ein altes Sprichwort an der Börse heißt: »An Gewinnmitnahmen ist noch niemand gestorben.« Es soll daran erinnern, dass Kurse nicht ewig nur steigen können, sondern auch wieder fallen – wie wir gesehen haben.

Nun gibt es verschiedene Möglichkeiten, Gewinne sicherzustellen. Die einfachste Möglichkeit ist der Verkauf der Aktie, die im Gewinnbereich liegt. Das hat den Vorteil, dass der komplette Gewinn realisiert wird. Der Nachteil ist allerdings, dass Sie bei einer möglichen Kurssteigerung nicht mehr dabei, sozusagen nicht mehr im Spiel sind und ein Wiedereinstieg bei weiter steigenden Kursen immer schwerer fällt und auch riskanter wird. Sie müssen vielleicht sehr lange warten, bis die Kurse tatsächlich wieder rückläufig sind.

Wir suchen also nach einer Möglichkeit, die es uns erlaubt, unsere Aktien zu behalten und an weiteren Kurssteigerungen teilzuhaben, aber trotzdem gegen mögliche Kursrückgänge gewappnet zu sein. Hier gibt es eine einfache Möglichkeit, eine einzelne Aktie oder ganze Aktienbestände vor Kursverlusten zu schützen: Nutzen Sie den Optionsmarkt, auf dem diese Versicherungen gehandelt werden.

Durch den Kauf eines Puts erwirbt man das Recht, eine Aktie zu einem bestimmten Preis (Basispreis) abzugeben. Man sichert sich also den Verkaufspreis. Für dieses Recht muss man den Optionspreis bezahlen. Dieses Recht wird man natürlich nur ausüben, wenn der Aktienkurs deutlich unter den Basispreis fällt.

Durch die verschiedenen Laufzeiten der Optionen kann man wählen, wie lange man seine Aktien absichern möchte. Zur Verfügung stehen an der Eurex Laufzeiten von einem Monat bis zu zwei Jahren. Je länger man die Laufzeit wählt, desto teurer ist der Optionspreis, weil man ja für einen längeren Zeitraum abgesichert ist.

Wie oft und wann soll man nun absichern?

Angenommen, Sie haben die Aktie schon neun Monate und sind gut im Gewinn, möchten sie aber noch nicht verkaufen, weil sonst die Spekulationssteuer fällig wird. (In Österreich beträgt die Behaltedauer ein Jahr, um von dieser Steuer verschont zu bleiben.) Sie möchten also die Aktie noch weitere drei Monate behalten.

Ist der Gewinn hoch genug, kann man die Absicherungskosten durchaus in Kauf nehmen. Der Wert des Aktienbestandes ist jetzt exakt definiert und absolut begrenzt, die Chance auf einen weiteren Gewinn durch einen künftigen Kursanstieg ist gegeben und nach oben völlig offen.

Auch wenn Sie eine Zeit lang abwesend sind, zum Beispiel im Urlaub, sollten Sie Ihre Aktiengeschäfte absichern, ebenso bei wichtigen Ereignissen wie Wahlen und dergleichen. Von militärischen Aktionen möchte ich gar nicht sprechen, oder vom Ölpreis, der Aktienkurse ebenfalls beeinflussen kann.

Vorteile der Absicherung:
- Ihre Aktien sind gegen deutliche Kursrückgänge versichert, Sie können also gelassen das Geschehen beobachten und müssen sich nicht darum kümmern. Das mindert die Gefahr, aus der nervlichen Belastung heraus kurzfristig Fehlentscheidungen zu treffen.
- Die Kosten für die Versicherung sind in etwa gleich mit dem maximalen Verlustrisiko und somit genau bekannt.

- Die Put-Option ist auch wieder veräußerbar, allerdings verliert sie im Laufe der Zeit an Wert.
- Wenn sich abzeichnet, dass keine Risiken mehr gegeben sind, können Sie die Put-Option vielleicht mit Gewinn verkaufen und uneingeschränkt an einem weiteren Kursanstieg der Aktie teilhaben.
- Sie profitieren von weiteren Kurssteigerungen der Aktie. Sie müssen lediglich die Kosten für die Absicherung bezahlen. Angenommen, die Aktie notiert bei 50 und die Absicherung kostet 1,50. Steigt die Aktie um weitere 5, so nehmen Sie an dieser Kurssteigerung voll teil, lediglich die 1,50 sind als Absicherungskosten weniger oder beim Verfall eben nichts mehr wert.

Das Optionsgeschäft bietet eine Menge interessanter und lukrativer Einsatzmöglichkeiten. Natürlich muss man auch hier über die Funktionsweise genau Bescheid wissen. Bei entsprechender Kenntnis und überlegter Anwendung ist nicht der Einsatz von Optionen riskant, sondern der Verzicht auf diese.

Diese Erkenntnis habe ich gewonnen, als ich trotz meines Wissens auf Optionen verzichtete und in den Urlaub fuhr. Diese Erfahrung war für mich maßgeschneidert und das passiert mir sicher nie mehr.

Call-Option und Put-Option

Der Kauf einer »Call-Option« gibt dem Besitzer das Recht, eine Aktie zu einem vorher festgesetzten Preis und innerhalb eines festgelegten Zeitrahmens zu kaufen.

Nehmen wir einmal an, der Kurs einer Aktie liegt bei 50 Dollar und wird vermutlich weiter auf 60 Dollar steigen, ich habe aber erst weiteres Geld für Aktienkäufe nach Auszahlung einer Lebensversicherung zur Verfügung. Ich könnte sie dann erst kaufen, wenn der Kurs bei 60 Dollar liegt. Ich kaufe also die Call-Option mit dem Basispreis von 50 Dollar, Laufzeit sechs Monate (die Lebensversicherung bekomme ich in einem halben Jahr).

Die Aktie kann jetzt ruhig steigen, denn ich bekomme sie zu 50 Dollar. Die Versicherung von 100 Optionen kostet 15 Dollar, ich kann dafür aber 100 Aktien beim Kurs von 60 Dollar für 50 Dollar kaufen. Wenn ich diese 100 Aktien zu 50 Dollar (Gesamtpreis 5000 Dollar) jetzt wieder verkaufe, bekomme ich dafür 6000 Dollar. Ein Gewinn von 1000 Dollar (abzüglich 15 Dollar Versicherung) ist doch nicht schlecht!

Die »Put-Option« gibt ihrem Besitzer das Recht, eine Aktie zu einem vorher festgesetzten Preis und innerhalb eines festgelegten Zeitrahmens zu verkaufen.

Angenommen, unser Aktienkurs liegt bei 60 Dollar und ich möchte sicher sein, dass ich für meine Aktie in sechs Monaten noch immer 60 Dollar bekomme. Also bezahle ich wieder die Prämie von 15 Dollar. Steigt der Kurs, muss ich natürlich nicht für 60 Dollar verkaufen, dann übe ich die Option nicht aus. Fällt er aber auf zum Beispiel 40 Dollar, werde ich mein Recht ausüben. Ich verkaufe und bekomme für 100 Aktien 6000 Dollar. Im selben Augenblick könnte ich die 100 Aktien für 4000 Dollar zurückkaufen.

Erkennen Sie die Hebelwirkung? Optionen können also durchaus eine interessante Beimischung in ein Aktienportfolio sein. Man kann ja zum Beispiel auch 100 Call und 100 Put ins Portfolio nehmen. Mit der richtigen Laufzeit und dem richtigen Basispreis ist man bestimmt bei den Gewinnern.

Man verliert nur, wenn der Kurs nicht von der Stelle will – und zwar die Versicherungsprämie von Put und Call.

»Wenn man keine Fehler machte, würde einem innerhalb eines Monats die Welt gehören. Wenn man aber aus Fehlern nichts lernt, wird einem absolut nichts gehören.« Diese Sätze stammen aus dem Buch »Reminiscences of a Stock Operator« von Edwin Le Fevre. Sie werden Jesse Livermore zugeschrieben, dem berühmten Aktienspekulanten mit Jahrhundertrendite.

»Millionen mit Optionen«

M it dem Buch »Millionen mit Optionen« offeriert Bernie Schaeffer sein Strategiewissen für den höchst profitablen Handel von Optionen. Die vorgestellten Methoden und Strategien sind sorgfältig überprüft und gelten als unentbehrlich für jeden, der einträglich mit Optionen handeln will. Er beginnt damit, dass er die überholten Vorurteile und Wunschvorstellungen über die Welt der Optionen gründlich beseitigt, und macht unmissverständlich klar, wie vergleichsweise billige Optionen dank ihrer Hebelwirkung als Mittel genutzt werden können, um aus kleinsten Kapitalbewegungen Profite zu erzielen.

Bernie Schaeffer erklärt in diesem Buch die wichtigsten Grundprinzipien für das Handeln von Optionen. Besonderes Augenmerk legt er auf die Beantwortung der Frage, warum Optionen gerade nicht so wie Aktien gehandelt werden können. Damit sind Sie von Anfang an über diejenigen Fehler informiert, die schon viele Anleger teuer zu stehen gekommen sind.

Dabei taucht er tief in die alles entscheidende Psychologie des Optionshandels ein. Er zeigt, wie Sie zwischen Werten mit hoher und solcher mit niedriger Gewinnerwartung eindeutig unterscheiden, wie Sie die Stimmung an den Märkten exakt ausloten und wie Sie die in den Fachkreisen hochgeschätzte Taktik des Agierens gegen den Trend für Ihre Anlage Gewinn bringend anwenden können.

Der Autor teilt sein ganz persönliches Wissen zum gezielten Vermögensaufbau mit Ihnen. So können Sie die richtigen Optionen finden, lernen Risiken sicher und realistisch einschätzen und erfahren, wie Sie Ihr Optionsportfolio sicher managen. Nebenbei lernen Sie noch eine der wichtigsten Lektionen überhaupt, nämlich wie Sie Indikatoren zur Bestimmung des richtigen Zeitpunkts für den Ein- oder Ausstieg korrekt interpretieren.

Die hervorragende Leistung dieses Expertenbuches besteht darin, dass es leicht verständlich und jederzeit umsetzbar zeigt, wie Sie Ihr Geld am besten verwalten und wie Sie gleichzeitig die gängigsten Fehler beim Handel von Optionen vermeiden können. Bernie Schaeffer gibt Ihnen unverzichtbare und praktisch sofort umsetzbare Ratschläge, wie sie das riesige Instrumentarium der Handelsstrategien zu Ihrem Vorteil einsetzen können. Dabei beschreibt er eingehend, wie Quick-Trades ablaufen, zeigt an konkreten Beispielen, was aggressive Handelsstrategie kennzeichnet und wie konservative Anlagestrategien ausschauen sollten. Außerdem gibt er unschätzbare Tipps, wie Sie einen erfahrenen Broker finden können, der auch wirklich zu Ihnen und zu Ihrem Anlageverhalten passt. Was Sie bei der Eröffnung eines Optionskontos unbedingt beachten müssen und wie Sie selbst im Internet recherchieren können, erfahren Sie ebenfalls aus diesem Buch.

Lexikon der Fachbegriffe

AMEX
American Stock Exchange

Analyst
Eine Person, die aufgrund gründlicher Recherche Unternehmen und Marktentwicklungen beurteilt.

Ask
Der Preis, zu dem der Verkäufer gewillt ist zu verkaufen. Entspricht dem deutschen Briefkurs.

Best Ask, Inside Ask
Der im aktuellen Marktgeschehen niedrigste, d. h. für den Käufer beste Preis.

Bid
Der Preis, den ein potenzieller Käufer eines Wertes bereit ist zu zahlen. Entspricht dem deutschen Geldkurs.

Best Bid, Inside Bid
Der im aktuellen Marktgeschehen höchste, d. h. für den Verkäufer beste Preis.

Call
Kauf einer Option mit der Hoffnung auf steigende Kurse.

Dividende
Gewinnbeteiligung pro Aktie, die ein Mal im Jahr ausbezahlt wird. Das ist für jeden Händler ein Gewinn und kann manchmal ganz schöne Summen bringen.

Level II
Hier sieht man die Angebote, die das beste Bid oder Ask stellen, und Nachfragen um eine bestimmte Aktie.

Limit Order
Ein Kauf- oder Verkaufsauftrag, bei dem ein festgelegter Preis nicht über- oder unterschritten werden darf.

Long Gehen
Kauf eines Wertes mit der Hoffnung auf steigende Kurse.

Market Maker
Die über 500 Nasdaq-Mitgliedsfirmen, die an der Nasdaq als Broker oder Dealer in Konkurrenz zueinander und zu Privatanlegern (z. B. Daytradern) den Handel betreiben.

Market Maker Spread
Die Differenz zwischen Kauf- und Verkaufsangebot eines bestimmten Market Makers.

Market Order
Eine Market Order ist ein Kauf- oder Verkaufsauftrag, bei dem kein festgelegtes Preislimit vom Käufer oder Verkäufer vorgegeben wird.

NASDAQ
National Association of Securities Dealers Automated Quotations – die von der NASD organisierte elektronische Börse.

NYSE
New York Stock Exchange

Put
Kauf einer Option mit der Hoffnung auf fallende Kurse.

Short Selling
Verkauf eines Wertes, den der Verkäufer gar nicht besitzt. Dieser hofft auf fallende Kurse, um später billig zurückzukaufen.

Eine Chance für
Schlaganfall-Betroffene

Dieser Bericht ist keine Aufforderung zum Aktienhandeln, das möchte ich an dieser Stelle ausdrücklich betonen!

Für die meisten Menschen, die einen Schlaganfall erlitten haben, heißt das, dass sie aus ihrem bisherigen Leben gerissen werden. Genauso ging es auch mir. Auch finanziell ist das leider meist eine ziemliche Katastrophe. Man steht plötzlich mit einer Pension da, die bei Weitem nicht reicht, und muss feststellen, dass man im Geschäftsleben nichts mehr wert ist.

Mir war es nicht mehr möglich, einen neuen Job zu finden, und so wollte ich mich wenigstens um meine Finanzen kümmern. Ich begann, mich mit Aktien zu beschäftigen, und bald war klar, dass dies für mich der einzig richtige Weg ist.

Ich schreibe darüber in diesem Buch, denn die Resonanz zum Thema Börse war im Internetforum nicht wirklich groß und eher negativ. Aber gerade für Patienten, die keine Aussicht auf einen Job mehr haben, kann der Handel mit Aktien ein Zubrot zur Pension bedeuten, und eine Beschäftigung ist es allemal. Man kann sie sicher bis ins hohe Alter machen und auch täglich.

Ich habe im Forum behauptet, ich könne risikolos täglich 100 Euro mit Aktien verdienen. Das wurde belächelt und mir wurde vorgerechnet, dies sei nicht möglich und wenn doch, sei es sicher ein kriminelles Geschäft.

Deshalb will ich hier erklären, wie aus 1000 Euro in einem Tag 1100 Euro werden können. Es läuft alles über das Internet und eine Handelsplattform ab, die man, wie in diesem Buch beschrieben, bei den meisten Banken bekommt.

Man eröffnet ein Handelskonto und ein Depot, informiert sich im Internet über die Aktie, die man haben möchte und kauft davon 100 oder auch 1000 Stück an dem Tag, an dem die Dividende ausbezahlt wird.

Ein Beispiel: Ich kaufe am 11. Mai 2006 100 Aktien der Bank Austria und habe sie am 12. Mai im Depot, das ist der Tag, an dem die Dividende ausbezahlt wird. Am 13. Mai 2006 verkaufe ich die Aktien wieder und die Dividende wird mir gutgeschrieben, weil ich sie am Tag der Auszahlung in meinem Depot hatte. Lag der Kurs am Kaufdatum zum Beispiel bei 106 Euro und die Dividende pro Aktie beträgt 1,02 Euro, bezahle ich 10 600 Euro und kassiere 102 Euro.

Wenn es darum geht, mit 1000 Euro zu 1100 Euro zu kommen, dann darf der Kurs der Aktie natürlich nicht höher als 10 Euro sein, aber davon gibt es eine ganze Menge, man braucht sie nur zu suchen. Und das funktioniert in allen Märkten der Welt, rund um die Uhr. Es gibt viele Aktien, die billiger sind und auch gute Dividende zahlen, und wenn man jede Woche eine findet, ist das doch nicht schlecht, oder? Man könnte sagen, das bringt einen 15. und 16. Monatslohn.

Mit meiner Plattform ist das in Sekunden erledigt. Ich drücke auf »buy« (kaufen) und eine Sekunde später habe ich die Aktie im Depot und den Betrag abgerechnet. Dann klicke ich auf »sell« (verkaufen) und die Aktie ist wieder verkauft, mit der gleichen Geschwindigkeit.

Man sollte seine Plattform gut kennen, damit man weiß, wie lange der Transfer dauert. Es ist unsinnig, zu kaufen, wenn der Transfer erst in einer Woche abgeschlossen ist. Deshalb rate ich, erst die Plattform kennenzulernen und am Papier (Papertrading = Simulieren) zu üben, bevor man wirklich Geld einsetzt.

Ich finde jeden Tag eine Menge geeigneter Aktien, die ich halte, bis ich die Dividende auf dem Konto habe – und es funktioniert.

Aber Achtung: Am Tag nach der Dividendenzahlung

fällt der Kurs der Aktie, genauso wie er vor der Dividendenzahlung steigen kann. Also muss man auch auf Stopps achten oder absichern und auf alle Fälle schnell handeln können!

Ohne Wissen ist ein Aktienhandel mit dem Spiel in einem Kasino vergleichbar, und so kann es leicht passieren, dass man zwar die Dividende kassiert, aber nicht mehr den Kurs bekommt, den man für die Aktie bezahlt hat. Und es kann vielleicht lange dauern, bis der Kurs wieder am Ausgangsniveau ist. Deshalb nicht vergessen: Nur wer informiert ist, gehört zu den Gewinnern!

Das Handwerkszeug und ein wenig Wissen habe ich hier beschrieben. Es wird allerdings nicht funktionieren, wenn man auf die Bank geht und den Aktienhandel einem Anlageberater überlässt, da fressen die Spesen den Gewinn auf. Beim Internethandel bezahlt man ca. 20 Euro für einen Roundturn, also Kauf und Verkauf, beim Anlageberater kostet das ca. 100 Euro. Und natürlich sollte man auch etwas über die Spekulationssteuer wissen.

Noch ein Rat: Handeln Sie nie mit geliehenem Geld, auch wenn viele ein Margin oder einen Kredit anbieten. Das Risiko ist zwar klein, aber es ist da. Achten Sie auf Ihr Geld genauso wie auf Ihre Gesundheit!

Webseiten

www.bigcharts.com

www.bigeasyinvestor.com

www.earningwhispers.com

www.cyber-corp.com

www.charttec.de

www.quote.com

www.datek.com

www.esignal.com

www.greencompany.com

www.daytradingstocks.com

www.yahoo.com

www.godmode-trader.de

www.finanztreff.de

www.wallstreet-online.de

Therapeutische Glücksfälle

Jetzt bin ich wieder motiviert, Therapie zu machen. Ich will eine Therapeutin suchen, die zu mir ins Haus kommt, weil Maria zurzeit nicht kann. Aber vorher besuche ich die Rheumaambulanz im AKH. Der Arzt möchte sämtliche Untersuchungen neu machen. Ich verstehe das nicht, warum besteht jeder auf eigene Untersuchungen? Ich lehne diese ab und lasse nur die Knochendichte messen, um Osteoporose auszuschließen.

Der Arzt diagnostiziert eine leichte Osteoporose und empfiehlt mir, den linken Arm viel zu bewegen. Ich mache ihn darauf aufmerksam, dass ich gelähmt bin, und will schon abbrechen und nach Hause gehen. Er kann mich dann aber doch davon überzeugen, im Haus eine Therapie zu beginnen.

Ich brauche eine neurologische Physiotherapie und begebe mich mit großen Vorbehalten zur Therapiestation, denn wenn ich wieder zwei und zwei zusammenzählen muss, raste ich aus.

Nach der ärztlichen Untersuchung bekomme ich zunächst zehn Therapieeinheiten verordnet. Ich bin so schlecht auf die Ärzte zu sprechen, dass ich zu der Therapeutin Susanne Sicking nicht gerade freundlich bin, als wir uns kennenlernen. Anuschka beschwört mich, ja die Therapeutin in Ruhe zu lassen, sie könne ja nichts für meinen Ärger und mache nur ihre Arbeit.

Ich erzähle Susanne von der Behandlung, die bis jetzt an meinem Arm gemacht wurde, dass ich starke Schmerzen habe und viel lachen werde, wenn sie mich berührt. Mir ist nur wichtig, dass sie behutsam mit meinem Arm umgeht. Unglaublich, Susanne Sicking ist die erste Therapeutin, die mit meinem Arm arbeitet und mir dabei nicht wehtut. Sie hat so eine angenehme Art, mit mir umzugehen, dass ich direkt ein schlechtes Gewissen bekomme wegen meiner anfänglichen Unfreundlichkeit. Die zehn Wochen sind schnell um und das Vertrauen zu ihr wird immer größer. Ich beantrage zehn weitere Therapieeinheiten, die auch bewilligt werden.

Susanne fragt mich, ob ich mich für eine Kollegin zur Verfügung stellen will, die gerade den Bobathkurs macht. Das tue ich gerne, denn damit habe ich ja schon Erfahrung und ich kann dabei sicher nur profitieren. Ich habe jetzt also zwei Mal in der Woche Therapie, was mir richtig guttut.

Margit Eder ist mir sofort sympathisch. Sie ist entsetzt über meine Spastik, wie sie mir später gesteht. »Da habe ich etwas angefangen«, meint sie, als sie mit mir zu arbeiten beginnt. »Aber jetzt habe ich A gesagt, jetzt muss ich auch B sagen.«

Eigentlich wollte sie nur den Kurs absolvieren und bestehen, dafür wäre auch ein leichterer Fall geeignet gewesen. Jetzt hat sie mich und meine Spastik.

Sie bittet mich, vom Rollstuhl aufzustehen und ein paar Schritte zu gehen, natürlich mit ihrer Unterstützung. So macht sie sich ein erstes Bild von mir. Dann besprechen wir, was sie alles vorhat. Ich werde auf das Therapiebett gebeten und setze mich hin – natürlich komplett auf die rechte Seite gelehnt. »Schon lange keine Therapie gemacht, alles wieder verlernt, Mader!«, denke ich. Das linke Bein geht gleich in die Streckung und steht waagrecht zum Boden ausgestreckt weg.

Dagegen kann ich nichts machen. Ich habe mich mittlerweile schon daran gewöhnt.

Das Sitzen ist natürlich das Erste, was Margit korrigiert. Sie drängt mich nach links, damit beide Pobacken gleichmäßig belastet sind. Mein linkes Bein knickt wieder ab und baumelt wie das andere normal herunter. Das war ja einfach!

Margit ist sicher eine schon ausgebildete Therapeutin, die den Kurs zur Fortbildung macht, denn für eine Schülerin ist sie zu kompetent. Schülerinnen sind immer etwas unsicher. Ich frage sie, ob sie eventuell die Therapie bei mir zu Hause machen könnte. Für meine Frau ist es zu mühsam, mich zwei Mal in der Woche zum AKH zu begleiten. Margit will es sich überlegen. Aber sie hat Angst vor Hunden. Als wir versprechen, die Hunde wegzusperren oder zu meinen Eltern zu geben, gibt sie ihre Zusage, es zu probieren. Es ist ihr sogar recht, denn so kann sie sich besser auf den Bobathkurs konzentrieren. Sie braucht für den Kurs einen Videofilm von mir, und das wäre im AKH etwas umständlich zu arrangieren.

Susanne Sicking hört auf, im AKH zu arbeiten, aber ich kann privat zu ihr kommen. Hausbesuche macht sie leider nicht. Eigentlich kann ich ja schon selbst Auto fahren, nur ins AKH war das zu umständlich, da ich nicht an den Ticketschalter in der Garage komme. Aber bei Susanne gibt es Parkplätze genug.

Ich bin wieder mobil. Es ist ein schönes Gefühl, nicht mehr auf andere angewiesen zu sein. Wegen des Schwindels habe ich mir Sorgen gemacht, aber es geht problemlos. Ich fühle mich gleich sicher und mit meinem eigenen Auto geht es auch viel besser als mit dem

Wagen der Fahrschule. Jetzt beginnt für mich ein neues Leben.

Das erste Mal bringt mich Anuschka zu Susanne, damit ich den Weg kennenlerne. Außerdem möchte ich ausprobieren, ob ich alleine zurechtkomme. Die schwere Eingangstür zum Wohnhaus ist nicht leicht zu öffnen. Ich probiere es und es klappt, auch wenn es langsam geht. Mit dem Behindertenausweis darf ich so lange parken wie ich will, also ist das auch kein Problem. In unsere Firma fahre ich auch alleine, dort gibt es genug Parkplätze. Mein Vater öffnet mir das Gartentor und passt auf, dass ich gut rauskomme, denn die Einfahrt ist etwas eng und unübersichtlich. Aber ich gewöhne mich schnell daran, früher hat das ja auch kein Problem gemacht. Beim Zurückfahren habe ich nur die Rückspiegel zur Unterstützung, da ich mich nicht umdrehen kann. Doch auch das ist reine Gewohnheit.

Den Rollstuhl brauche ich für kurze Strecken nicht mehr, mit dem Stock schaffe ich schon 150 bis 200 Meter. Ich kann jetzt auch alleine zu meinen Eltern gehen und anschließend zu meinem Auto. Sogar die Stufen beim Eingang überwinde ich.

In der Firma lege ich für alle Kunden einen Briefkopf für die Konformitätserklärung an und speichere ihn als Maske ab. Ich möchte das nicht jedes Mal neu schreiben. So füge ich nur jeweils den Namen und das Datum ein, dann kann ich es ausdrucken. Wir müssen diese Erklärungen sieben Jahre aufbewahren. Ohne Computer wäre das ein elender Papierkrieg, wir hätten sicher einen ganzen Schrank voller Ordner. Demjenigen, dem das eingefallen ist, wünsche ich, dass er alle Konformitätserklärungen lesen muss. Es ist reine Schikane, kontrolliert wird das sicher nie. Na gut, was soll's, wir Österreicher haben schließlich Ja zur EU gesagt. Mal sehen, ob es auch Vorteile bringt, bisher scheinen mir die Nachteile zu überwiegen.

Atmen und Seufzen

In einer der ersten Therapiestunden hat Susanne mich gebeten, Atmen und Seufzen zu üben. Sie meinte, damit hätten wir eine gemeinsame Basis. Mit dieser Aufgabe weiß ich überhaupt nichts anzufangen (meine Oma hätte das sicher gut gekonnt). Wozu soll ich das üben, das kann ich doch? Ich weiß zwar, dass am Weißen Hof auch »Atemtherapie« gemacht wurde, aber ich kann mir nichts darunter vorstellen.

Zu Beginn der Therapiestunde lässt mich Susanne atmen und seufzen, zum Entspannen, wie sie sagt. Na gut, ich atme und seufze vor mich hin, nur weiß ich nicht, wozu das gut sein soll. Ich komme mir richtig vergackeiert vor. Dann aber verwickelt mich Susanne in ihrer angenehmen Art in ein Gespräch. Sie spricht ruhig und deutlich und erinnert mich daran, dass ich nicht vergessen soll zu atmen. Ich habe bis jetzt gar nicht gewusst, dass ich nicht regelmäßig atme. Wenn ich mich auf etwas konzentriere, nehme ich einen ordentlichen Atemzug und halte dann die Luft an. Verdammt, es ist gar nicht so leicht, gleichmäßig zu atmen, aber Susanne erinnert mich bei jedem Atemzug. Ich kann nicht konzentriert atmen und gleichzeitig etwas mit meiner Hand üben. Nun wird mir klar, was Susanne gemeint hat.

Ich hätte eine genaue Anleitung und eine Begründung gebraucht. Jetzt verstehe ich die Zusammenhänge.

Ich übe zu Hause das Atmen und lese gleichzeitig ein Buch. Unglaublich: Wenn ich mich auf eine regelmäßige Atmung konzentriere, muss ich den Text ein paar Mal lesen. Verstehe ich den Text gleich, habe ich das Atmen vergessen. Gut, Männer können ja bekanntlich nicht zwei Dinge auf einmal machen. Ich sehe das jetzt mit ganz anderen Augen: Frauen können kochen und gleichzeitig reden, dabei überlegen sie noch, was sie einkaufen müssen und welche Utensilien die Kinder für den nächsten Tag brauchen.

Mit ihrer Einstellung: »Sie müssen das nicht können, wenn es nicht von alleine geht«, lehrt mich Susanne eine gewisse Nachsicht mit mir selbst. Ich kann jetzt verschiedene Dinge großzügiger und gleichgültiger sehen.

Sie kann sich auch sehr gut verständlich machen, indem sie manches bildlich ausdrückt. Zum Beispiel sagt sie: »Der Arm soll schweben, keine Kraft anwenden, atmen nicht vergessen!« Sie ist ein Puppenspieler, und an meiner Hand ist ein dünner, unsichtbarer Faden. Sie macht es vor und meine Hand soll nachschweben. Wenn es nicht geht, macht das auch nichts.

Ich denke, dass sich vieles nur im Kopf abspielt. Man kennt ja solche Situationen: An einem Tag geht es einem gut und es gelingt alles, dann wieder hat man einen schlechten Tag und es klappt gar nichts. Einmal schwebt mein Arm richtig gut, ein anderes Mal brauche ich viel zu viel Kraft. Doch ich muss das nicht können und atme deshalb ruhig weiter.

Diese Therapie ist ganz anders als die mit Margit. Mit Kraft und Gewalt gelingt hier überhaupt nichts. Ich versuche, zu Hause auch alles schwebend zu machen. Ich lasse mein Bein schweben – und komme recht unsanft mit dem Boden in Berührung. Jede der Therapien alleine hätte nicht zu dem Ergebnis geführt, das ich jetzt habe. Nur mit »Schweben« würde ich andauernd hinfallen, nur mit »Kraft« wäre manche Bewegung überhaupt nicht möglich.

Bevor Susanne mit mir zu arbeiten beginnt, liege ich etwa fünf Minuten, um mich zu entspannen. Ich atme ruhig und merke dabei, wie mein Arm immer lockerer wird. Vom Gehen ist er immer so spastisch, dass er sich recht steif im rechten Winkel an meinem Körper befindet.

Beim ruhigen, gleichmäßigen Atmen stelle ich mir vor, dass ich durch den Arm ausatme. Dabei wird er ganz locker und rutscht neben mich auf das Therapiebett. Mir wird jetzt klar, was diese Atmung bewirkt: In diesem Fall habe ich dadurch den »Beuger« entspannt. Das geht bestimmt mit jedem Muskel, z. B. auch mit dem »Strecker«. Ich werde das zu Hause probieren.

Diese Dinge sind nur im Liegen möglich, im Stehen geht das noch nicht, denn da muss ich mich zu sehr konzentrieren und der Tonus ist dadurch viel zu hoch.

Ich liege auf dem Therapiebett und Susanne bewegt meinen Arm im gestreckten Zustand so weit, dass er senkrecht in die Höhe zeigt. Sie bittet mich, diese Position zu halten, wenn sie loslässt. Ich wende viel Kraft auf und halte wieder einmal die Luft an, sodass Susanne diese Übung abbricht. Ich verkrampfe mich dabei zu sehr und der Tonus wäre zu hoch geworden. Wir möchten aber, dass die Spastik verschwindet und alles locker wird.

Ich habe früher alles mit Kraft und Schwung gemacht.

Das werde ich mir abgewöhnen müssen, sonst komme ich nicht an mein Ziel. Macht nichts, es muss ja nicht heute schon klappen, es wird ein anderes Mal funktionieren. Ich bin über mich selbst überrascht, dass ich es so locker nehmen kann. Ein »Das geht nicht!« habe ich früher nie akzeptiert. Mit Kraft und Brechstange sind mir wahrscheinlich viele Dinge gelungen, das ist in meinem Gehirn so gespeichert. Ich lerne eine ganze Menge über meinen Körper, das ist eine ganz neue Erfahrung für mich. Ich muss sozusagen ein anderes Programm speichern und das alte löschen.

Von Susanne habe ich in wenigen Sitzungen eine ganze Menge gelernt. Am Weißen Hof hätte ich jahrelang Therapie machen können und nicht so viel profitiert. Mir wird jetzt erst bewusst, was es eigentlich für ein Glück war, in diese Therapie eingewilligt zu haben. Wenn ich damals, auf alle Ärzte fluchend, das Spital verlassen hätte, wäre mir Susanne nicht begegnet und natürlich auch Margit nicht.

Als ich zum ersten Mal alleine zu Susanne fahre, ist mir an der Eingangstür jemand behilflich. Ich bin während der gesamten Therapiestunde mit meinen Gedanken woanders, weil ich mich frage, wie ich wieder aus dem Haus komme und ob mir auch dann jemand helfen wird. So kann ich mich nicht richtig entspannen. Mir wird bewusst, dass alleine die Gedanken den Tonus erhöhen können.

Ich bespreche das mit Susanne und sie stimmt mir zu. Ich werde versuchen, stressfrei zur Therapie zu kommen. Dabei hilft mir natürlich, dass ich die schwere Eingangstür wirklich alleine öffnen kann und nicht mehr darüber nachzudenken brauche. Außerdem fahre ich mit dem Auto stets so rechtzeitig von zu Hause weg, dass ich eine halbe Stunde vor Therapiebeginn schon bei Susanne bin. Starker Verkehr und ein Stau machen mich nicht mehr unruhig.

Ich frage Margit, ob ich zu Hause ein Therapiebett brauche, ich würde es mir besorgen. Doch sie meint, eine Stufe, also etwas zum Hinaufsteigen, würde genügen. Mein Vater baut eine Holzkiste in der Höhe einer Treppenstufe.

Die erste Zeit üben wir ohnehin nur das Stehen. Natürlich drückt mich Margit wieder einmal auf die linke Seite. Meine Hauptlast ist auf dem rechten Bein. Margit möchte, dass auch das linke richtig belastet wird. Meine Bedenken ignoriert sie, als würde sie schlecht hören. Aber sie ist da und passt auf. Sie hält mich, manchmal stärker und manchmal fast gar nicht. Den größten Widerstand leistet sie dann, wenn ich zu weit nach rechts möchte. Margit lässt das nicht zu. Das ist Millimeterarbeit.

Natürlich rinnt schon wieder der Schweiß. Mir ist das sehr unangenehm, aber Margit macht es nichts aus. Ich merke erst, wie nahe ich ihr bin, als sie meint: »Na, hast du es bequem, lehnst du gut?« Ich hänge richtig auf ihr und will natürlich gleich wieder nach rechts ausweichen. Das wiederum lässt Margit nicht zu.

Das Problem ist, dass ich sie an meiner linken Seite nicht fühlen kann. Und ich möchte ihr auch nicht zu nahe treten oder sie vielleicht belästigen. Aus dem Augenwinkel kann ich nicht erkennen, ob ich schon an ihr klebe oder nicht.

Wie gesagt, es sind nur Millimeter, die sie mir als Spielraum lässt, allerdings nur nach links. Margit spielt richtig mit mir. Nach rechts kann ich nicht ausweichen und links erlaubt sie nicht, sich bei ihr anzulehnen. So zwingt sie mich in eine Position, aus der ich nicht ausweichen kann.

Als mein Vater die Kiste fertig gebaut hat, will Margit auch gleich damit arbeiten. Sie möchte, dass ich den rechten Fuß auf die Kiste stelle, natürlich ohne mich festzuhalten. Das bedeutet, ich muss alles Gewicht auf den linken Fuß geben, damit ich den rechten wegheben kann. Das geht natürlich nur für einen Sekundenbruchteil. In dieser Zeit kann ich den Fuß nicht hinaufstellen.

Margit kennt einen Trick. Ich soll mich gerade hinstellen (das kann ich mittlerweile) und die Ferse des rechten Fußes anheben, sodass ich nur mit den Zehen den Boden leicht berühre. Durch diese Übung bekomme ich mit der Zeit ein Gleichgewichtsgefühl auf dem linken Fuß. Ich darf mich natürlich nicht bei Margit anlehnen. So kann ich auch alleine spüren, ob mein Gewicht noch zu weit nach rechts verlagert ist, denn wenn das Bein belastet wäre, könnte ich die rechte Ferse nicht heben. Ich betätige dabei Muskeln, die ich bisher nicht mehr gespürt habe. Ich bekomme wieder einen »Draht« zu diesen Muskeln und fühle auch eine Aktivität in der Wade, in der Leiste und im Oberschenkel.

Ich empfinde meine Gelenke so, als lägen in jedem Gelenk jeweils zwei Kugeln übereinander, im Knöchel, im Knie und in der Hüfte. Es gibt einen bestimmten Punkt, an dem die beiden Kugeln übereinander stabil sind, aber die kleinste Gewichtsverlagerung bringt sie zum Rollen und ich falle. Gut, die Spastik hilft mir hier ein bisschen, denn je mehr ich mich anstrenge, desto höher wird der Tonus, alle Muskeln sind dann angespannt. Das Bein versteift sich so, dass ein Beugen fast nicht mehr möglich ist. Aber stehen kann ich dabei recht sicher.

Ich muss mich beim Stehen immer auf meinen Hintern konzentrieren. Tu ich das nicht, falle ich. Das ist mir einmal im Bad passiert. Anuschka unterhielt sich mit mir, während ich gerade aus der Dusche stieg. Ich konzentrierte mich dabei auf meine Frau und fiel prompt rücklings auf die Badewanne.

Diese Therapie mit Margit ist für mich sehr anstrengend, aber ich mache sie gerne. Ich fühle mich danach einfach herrlich, ich könnte Bäume ausreißen. So ein Gefühl hatte ich früher nach einem gewonnenen Tennismatch, einfach unschlagbar.

Ich gehe am Anfang immer an meine Grenzen und bereue es dann auch gleich, denn Margit will mehr, viel mehr, sie ist unersättlich. Sie muss in einem früheren Leben ein Quälgeist gewesen sein, zumindest hat sie die Tantalusqualen erfunden.

»Einmal geht die Übung sicher noch und bestimmt noch einmal!«, meint sie.

Na gut, ich teile mir meine Kraft besser ein und fange viel früher an zu jammern. Margit durchschaut das natürlich und lässt sich auch etwas einfallen. Ihr fällt dann eine neue Übung ein, die ich unbedingt gleich ausprobieren muss, oder sie behauptet, die Ausführung habe ihr nicht gefallen und ich könne das besser, oder sie verzählt sich einfach. Ich weiß ja, dass es gut ist, wenn ich im Grenzbereich arbeite, und ich versuche es auch, aber manchmal muss ich wirklich eine Pause machen.

Margit kann mich sehr gut motivieren. Ich glaube, das liegt an dem Spaß, den ich mit ihr habe. Ich mag sie ganz einfach, ich denke, das ist sehr wichtig. Therapie soll auch Spaß machen. Am Weißen Hof haben achtzig Prozent der Patienten die Therapie gehasst. Das lag natürlich nicht nur an den Therapeuten, oft mangelte es auch an der richtigen Einstellung. Die Therapeuten betreuen dort einen Patienten meist nur vier bis acht Wochen lang, da kann sich keine so enge Beziehung bilden. Margit dagegen leidet und freut sich mit mir, mit ihr entwickelt sich eine richtige Freundschaft.

Dazu trägt natürlich auch ihre Arbeit für den Bobathkurs bei, denn sie braucht nicht nur einen Videofilm, sondern auch eine genaue Beschreibung von mir. Das betrifft gezwungenermaßen auch einen sehr persönlichen Bereich.

Margit wählt ihre Worte sehr behutsam, als sie mich im Zuge des Bobathkurses nach meinem Sexualleben und der Funktion der Geschlechtsorgane fragt.

»Das funktioniert alles wie vorher«, antworte ich, »nur fühlen sich die linke Seite von meinem Penis und der linke Hoden taub und ›bamstig‹ an. Später war ich impotent, aber das lag an dem Blutdruckmittel Dilatrend. Seit ich das Generikum verwende, ist alles wieder normal. Ich habe auch mit Viagra und Cialis experimentiert, wobei Cialis für mich besser ist, denn da hält die Wirkung drei Tage an. Nicht ununterbrochen – du brauchst also keine Angst zu haben, dass ich eine Dauererektion habe.«

»Geh, drah ned so eine (Gib nicht so an)!«, kommentiert Margit trocken. »Die Anuschka hat mir gesagt, nicht einmal mit Viagra geht es.«

»Na ja, weil ich Schmerzen habe, aber das wird immer besser. Gegen die Schmerzen kämpfe ich selber – das kannst du jetzt auffassen, wie du willst. Ich nehme auch zusätzlich Schmerzmittel. Es ist wie bei diesen Igelbällen, die man wegen der Gefühle auf der Haut einsetzt.«

»Okay, mehr brauche ich nicht zu wissen, du wirst das schon hinkriegen!«

Margit kennt meine komplette Lebensgeschichte und dabei erfahre ich auch sehr viel von ihr. Meine Frau versteht sich mit Margit ebenfalls sehr gut. Ich glaube, das muss ich unterbinden.

Sie fragt Anuschka: »War er diese Woche brav? Wenn nicht, lasse ich ihn heute knien!«

So geht das natürlich nicht, da muss ich mir etwas einfallen lassen! »Ich werd euch einen Zuzelfleck verpassen, wenn ihr so weitermacht!«, drohe ich.

»Ha, ich glaube nicht, dass du mich erwischst, das gelingt dir nie«, lacht Margit frech.

Die Hunde wickelt Margit auch schon um den Finger, sie hat keine Angst mehr vor ihnen. Sie sagt nur: »Macht Platz!«, und sie verschwinden. Dafür werden sie dann aber auch gestreichelt.

Susanne prüft meine Vorstellungsgabe. »Atme in die Schulter!« oder »Atme durch den Arm aus!« oder »Stell dir die Gelenkkugel vor und bewege sie zur Nase und zur Wirbelsäule!«, lauten ihre Anweisungen. Sie macht meine Bewegung mit ihren Händen mit und drückt meine Schulter in Richtung Nase oder in Richtung Wirbelsäule. Diese Dehnung macht meine Schulter richtig locker. Mit der Zeit bekomme ich ein gutes Gefühl dafür und kann es bald alleine. Sie hilft nur noch mit, wenn ich den Punkt erreicht habe, an dem es ohne Kraft nicht mehr weitergeht.

Ich kann das mit der Zeit recht gut und spüre, wie der

Arm wieder zu mir gehört. Ich freue mich wahnsinnig darüber. Susanne ist das gar nicht recht, es sollte mir eher gleichgültig sein. Gefühle wie Freude, Aufregung oder Angst erhöhen den Tonus, und das möchten wir nicht.

Ich weiß nicht, wie Susanne es schafft, mir am Rücken so nahe zu kommen, ohne dass ich lachen muss. Sie bringt es fertig, mich nicht zu kitzeln. Das passiert nur mehr ganz selten. Scheinbar vertraut ihr mein Körper.

Susanne fragt, ob ich weiß, was eine Aura ist. Sie möchte bei mir die »Cranio-Sacraltherapie« versuchen. Ich willige ein, denn mein Vertrauen zu ihr wird immer größer.

Jetzt ist wieder meine Vorstellungsgabe gefragt. Ich muss mir meine Aura vorstellen und soll sie in eine Richtung fließen lassen. Susanne legt ihre Hände auf meine Schultern und beginnt ihre Energie an mich abzugeben.

Was ich da zu spüren bekomme, lässt alle Zweifel über die Sinnhaftigkeit dieser Anwendung verschwinden. Wer schon einmal einen Maikäfer in der Hand hatte, kann vielleicht nachempfinden, was ich dabei spüre. Es fühlt sich an, als stecke mein Arm in einem Kübel voller Maikäfer und gleichzeitig in einer Teigknetmaschine.

Wenn der Tonus hoch ist, bekomme ich immer schlecht Luft, die Muskulatur am Hals schnürt mich richtiggehend ein. Susanne kann mir auch da helfen. Sie schiebt ihre linke, flache Hand unter meinen Nacken, die rechte legt sie an meinen Hals und ich lasse wieder die Aura fließen. Ich muss das abbrechen, es ist, als würde mich jemand würgen. Susanne schiebt nun ihre rechte Hand nur etwa fünf bis zehn Zentimeter weiter in Richtung

Brustkorb und dieses Gefühl ist weg. Sie bittet mich, mir vorzustellen, wie mein Brustkorb sich öffnet. Das ist Wahnsinn: Ich bekomme schlagartig besser Luft. Es gelingt mir auch zu Hause, wenn ich mir vorstelle, dass Susanne mir ihre Hände auflegt. Meine Lebensqualität verbessert sich dadurch stark.

Früher hätte ich eine solche Therapie sofort abgelehnt. Was ich nicht sehen und spüren konnte, war für mich nicht real, also Blödsinn! Ich habe meine Meinung gründlich geändert. Es ist auch absolut unwichtig, ob ich daran glaube oder nicht. Wichtig ist, dass es mir hilft.

Margit übt mit mir das Stehen und dabei fällt ihr wieder eine neue Übung ein. Ich stelle meinen linken Fuß auf eine Serviette und schiebe ihn vor und zurück, dabei sollte die Serviette immer Kontakt mit meinem Fuß haben. Also muss ich mein Gewicht auf das rechte Bein verlagern, die Hüfte nach rechts schieben, damit mein linkes Bein locker wird. Ich kann es mit Mühe vor und zurück bewegen. Das geht gerade drei oder vier Mal, dann wird der Tonus zu hoch.

Ich spüre nicht, wie Margit mir die Serviette unter dem Fuß wegnimmt. Ich denke, ich schiebe mein Bein noch immer vor und zurück, dabei steckt es in der einen Position fest und ich merke es nicht einmal.

Das Fühlen ist überhaupt ein eigenes Kapitel. Wenn es mich zum Beispiel am Knöchel juckt und ich mich dort kratze, verspüre ich keine Linderung. Als ich mich dann zufällig am Oberschenkel kratze und der Juckreiz weg ist, stelle ich fest, dass hier die eigentlich gesuchte Stelle war. Wenn es mich also links irgendwo juckt, muss ich die ganze linke Seite absuchen, um die richtige Stelle zu finden. Das ist manchmal zum Verrücktwerden.

»Margit, bei mir geht das nicht, bei mir ist alles ganz anders!«, sage ich, als sie versucht, meinen Klonus zu beruhigen. »Das haben schon so viele Therapeuten versucht. Ich mache es lieber auf meine Art.«

Damit gibt sich Margit aber nicht zufrieden und ich lasse sie es versuchen. Hüfte vor und nach rechts – weg ist der Klonus! Das leicht gebeugte, entlastete Knie kann jetzt wieder belastet werden. Wichtig ist es, aufrecht zu stehen und die Hüfte nach vorne zu drücken. Ich weiß, dass Margit eine gute Therapeutin ist, aber da staune ich doch! Wieso wussten das die anderen Therapeuten alle nicht? Es gibt halt doch Unterschiede! Und diese Frau setzt sich noch einmal auf die Schulbank und macht einen Bobathkurs. Jetzt erfahre ich, dass sie auch junge Therapeuten ausbildet. Mein Eindruck am Beginn der Therapie hat sich also bestätigt.

Margit braucht nur ganz wenige Hilfsmittel für die Übungen, in einem Fitnesscenter würde das niemand glauben. Die erste Zeit benutzen wir nur eine Matte und die Kiste. Wir arbeiten meistens im Wintergarten auf der Matte am Boden oder auf dem Tisch, manchmal auch im Schlafzimmer im Bett. Die Übungen sind im Bett schwieriger als auf der Matte, denn dort habe ich einen ziemlich festen Untergrund, während die Matratze nachgibt und alles viel wackliger macht.

»Komm, lehn dich zu mir zurück und mach's dir bequem!« – diese Worte bedeuten Schmerzen. Es ist aber nur ein Dehnungsschmerz, der darf sein. Aus einer leicht anmutenden Tätigkeit wird oft eine schwere Aufgabe.

Jede Aktivität stärkt meine Muskeln und ich merke bald, dass meine linke Seite wieder mir gehört. Für einen Außenstehenden ist es wahrscheinlich nicht sichtbar, aber Margit und natürlich ich registrieren das schon. Sie freut sich darüber genauso wie ich.

Leider werden meine Schmerzen immer schlimmer. Von der Belastung mit dem Stock habe ich Schmerzen in der rechten Hand. Auch die linke Hüfte tut durch die neue, vielleicht oft falsche Bewegung weh. Die linke Schulter schmerzt natürlich noch immer.

Anuschka ist es nicht recht, wenn ich so viele Schmerzmittel nehme, und so entschließe ich mich, zur Schmerzambulanz im AKH zu gehen. Dort werden mir Medikamente verordnet und ich bin schmerzfrei. Super, die Therapie geht so gleich viel besser und Anuschka kann auch nicht mehr meckern.

Ich sitze bei der Therapie mit Margit oft an der Kante des kleinen Tisches im Wintergarten. Margit sitzt vor mir und breitet ihre Hände aus. Meine Aufgabe ist es, mit den Fingern meiner rechten Hand ihre linke oder manchmal auch ihre rechte Handfläche zu berühren. Komme ich so weit, weicht sie einige Zentimeter zurück und lockt mich: »Komm, na komm, weiter, noch ein Stück!« Oder sie bittet mich, mit meiner Stirn zu ihrer zu kommen. Ich warne sie, dass ich ihr gleich um den Hals fallen werde. Na gut, das Risiko geht sie ein. Ohne es zu merken bin ich schon wieder in einem Grenzbereich.

Margit ist eine gute Psychologin. Sie weiß natürlich, dass es mir peinlich wäre, wenn ich ihr um den Hals fallen würde. Ich hätte ja meine Aufgabe nicht erfüllt und wäre ihr wieder einmal zu nahe getreten.

Wenn ich mich nach dem Duschen im Spiegel betrachte, fällt mir auf, dass die linke Bauchhälfte sehr viel weiter heraussteht als die rechte. Mit diesen Übungen macht Margit fast einen Waschbrettbauch, na ja, einen Waschbärbauch, aus meiner vorderen Mitte. Die linke Seite gleicht sich aber der rechten wieder an.

Mir ist klar, dass meine Schmerzen in der rechten Hand nicht besser werden können, wenn ich ständig den Stock benutze. Also bemühe ich mich, im Haus ohne ihn auszukommen. Wenn Margit nicht da war, habe ich bisher immer den Stock verwendet. Ich stützte mich ganz auf der rechten Seite auf und schleuderte die linke Hüfte mit dem Bein vor, dann übernahm ich das Gewicht auf das linke Bein und konnte das rechte vorstellen. Auf diese Weise konnte ich mich schon recht schnell fortbewegen.

Margit übt mit mir so lange, bis ich den Stock im Haus weglassen kann. Auch wenn ich manchmal stürze, verzichte ich darauf. Ich komme zwar nicht so schnell vorwärts, aber ich brauche ihn für kurze Strecken bald gar nicht mehr. In der ersten Zeit gehe ich von einer Wand zur anderen, zum Beispiel drei Meter im Vorzimmer, dann wird es mir bald zu blöd, den Stock aufs Klo mitzunehmen. Irgendwann schaffe ich es ins Bad und in die Dusche und bald auch ins Schlaf- und Wohnzimmer.

Die Hunde machen mit mir auch schon Therapie: Einmal möchten sie raus, dann wieder rein. Sie müssen nur etwas länger auf mich warten als früher.

Wenn ich im Haus schon überall ohne Stock hinkomme, dann kann ich auch zu meinen Eltern gehen. Zuerst nehme ich den Stock noch mit, benütze ihn aber nicht. Später lasse ich ihn ganz weg. Zu meinen Eltern sind es etwa hundert Meter. Dann könnte das doch auch vom Parkplatz in die Firma klappen?

Der Stock bleibt jetzt weg, auch zu Susanne gehe ich ohne ihn! Super, super, super! Diese kleine Freude über mein Erfolgserlebnis wird mir hoffentlich nicht gleich die Spastik verschlimmern.

Wenn ich alleine gehe, werde ich immer schlampiger. Nur weil es schon etwas flotter geht, denke ich, mein Gang würde auch besser. Margit merkt das sofort. Wir fangen wieder bei Null an und üben nur stehen und die rechte Ferse heben. Ihr ist es egal, wie schnell ich schon gehen kann, ihr ist wichtig, dass ich richtig gehe. Das ist genau die Therapie, die ich brauche: Die ganze Woche lang übe ich, was Margit mir beibringt.

Aber im Alltag kann ich nicht für einen Schritt zwei Minuten lang brauchen. Sie ist einverstanden, wenn ich im Alltag die Sicherheit bekomme und bei der Therapie mit ihr den Feinschliff übe. Sie kann mich jede Woche verbessern, wenn ich mir eine falsche Bewegung angewöhnt habe. Das ist genau wie beim Tennis: Hat man einmal einen falschen Bewegungsablauf verinnerlicht, ist es schwierig, den Fehler auszubessern.

Meine Gehbewegung automatisiert sich langsam und wird immer besser. Hüfte nach rechts, das Gewicht natürlich ebenfalls, linke Hüfte absenken, dadurch wird mein linkes Bein locker und ich kann es nach vorne stellen. Gewicht und Hüfte nach links, Po zusammenzwicken und ich kann das rechte Bein vorstellen.

Theoretisch und im Zeitlupentempo kann ich es, aber in der Praxis tauchen immer wieder kleine Fehler auf. Margit merkt, dass ich die linke Hüfte nicht absenke, sondern hochziehe, dabei wird das Bein steif und ich muss es wieder mit Gewalt vorschleudern. Die Spastik erhöht sich dadurch und ich verfalle in das alte Muster. »Genau so gehen spastische Menschen, wenn sie keine Therapie machen«, erklärt sie.

Na gut, ich denke jetzt auch im Alltag an Margit und stelle mir vor, sie stünde hinter mir. Ich sage mir die mahnenden Worte, die sie äußern würde, selber vor.

Immer, wenn ich in dem spastischen Muster gehe, wird auch der Tonus höher. Das heißt, mein Gang und der gesamte Zustand werden schlechter. Hals, Arm und Bein werden steif und ich kann eine Bewegung nicht mehr so ausführen, wie ich möchte. Ich werde dann wirklich unfähig, mich zu bewegen.

Durch das richtige Gehen bleibt dagegen der hohe Tonus weg und der allgemeine Zustand wird auch durch die Bewegung nicht schlechter. Endlich kapiere ich diese Zusammenhänge. Es ist gut, dass ich alles hinterfrage und Margit mir die Erklärung dafür gibt. Sie macht fast einen Therapeuten aus mir und jetzt steht im Alltag nicht mehr sie hinter mir, sondern ich verbessere mich selber.

Margit erkennt aber natürlich meine Problembereiche. Sie übt dann gezielt mit mir, um die Sache in den Griff zu bekommen. Selbstverständlich sagt sie auch dazu, warum ich etwas so und nicht anders machen soll. Sie kommt zum Beispiel dahinter, dass ich mir bei einer Übung mit der rechten Hand helfe. »So kann das ja nichts werden«, meint sie. Das hat zur Folge, dass ich die rechte Hand zur Decke strecken muss. Jetzt ist die Übung um vieles schwerer. Nun versteht sie, warum es mich andauernd ausdreht, und ich kapiere es auch. Ich habe gedankenlos den leichteren Weg gesucht. Gut, dass Margit mich durchschaut, sonst üben wir für nichts und wieder nichts.

»Der Trick mit der Ferse ist super, ich bin auf dem linken Bein schon recht sicher.«

»Wenn du schon so sicher bist, dann stell doch deinen rechten Fuß auf die Lehne der Sitzgarnitur«, verlangt Margit.

»Was soll ich? Schau doch meine Beine an, die sind viel zu kurz!« Die Lehne ist viermal so hoch wie die Stufe. Ich weiß zwar, dass Margit ein »Das geht nicht!« nicht akzeptiert, aber ich probiere es immer wieder. Das muss in meinem Naturell liegen, immer widersprechen zu wollen.

»Schau her, meine Beine sind nicht länger als deine und ich komme leicht hinauf«, kontert sie.

Na ja, wo sie recht hat, hat sie recht. Also probiere ich, die Ferse zu heben und mein Gleichgewicht zu finden. Ich kann den rechten Fuß etwas anheben, lehne dabei aber schon wieder an Margit, also zurück auf den Boden damit. Ich mache einen neuen Versuch und diesmal komme ich bis in die Höhe der Lehne, kann aber das Bein nicht strecken, um den Fuß aufzustellen. Ausruhen. Noch einmal von vorne, jetzt packt mich der Ehrgeiz – und siehe da, plötzlich ist der Fuß irgendwie oben.

Inzwischen denke ich gar nicht mehr nach, wenn Margit etwas von mir verlangt, ich versuche es ganz einfach. Ich weiß, sie mutet mir nichts zu, was unmöglich wäre. Sie spürt natürlich, dass ich ehrgeizig bin, und fordert mich richtig.

Es ist gut, dass meine rechte Hand schmerzte, sonst hätte ich den Stock bestimmt nicht so einfach weggelegt. Durch das Gehen ohne Stock werde ich immer sicherer. Dass ich plötzlich ohne Stock gehe, fällt jedem auf. Das motiviert mich natürlich, noch besser zu werden. Es ist aber eine Therapie der kleinen Schritte. Wenn ich den Arm strecken kann, ist das unauffälliger, aber ich weiß, dass mir die Therapie mit Susanne viel bringt, auch wenn der Erfolg nicht so ins Auge fällt.

Susanne hat Erfahrung mit Fällen wie mir und sie bildet sich ständig weiter. Sie besucht häufig Seminare und hilft bei deren Organisation. Sie erzählt dann auch manches, aber meistens meint sie, es würde zu weit führen, alles zu erklären.

Wenn sich so viele Fachleute Gedanken über Menschen wie mich machen, muss da ein echter Bedarf vorhanden sein. Es würde mich natürlich interessieren, welche Erkenntnisse diese Leute haben. Aber die Hauptsache ist, dass Susanne mir helfen kann.

Ich würde zumindest gerne wieder eine Gabel halten und gebrauchen können. Man wird ja bescheiden! Ich denke nicht mehr an berufliche Arbeit oder sonstige anspruchsvolle Aktivitäten. Aber im täglichen Leben würde ich meinen Arm und die Hand schon gerne einsetzen können.

Ich kann ein Sackerl halten, um mit der rechten Hand etwas hineinzutun. Das klemme ich mir dann in den gebeugten, am Zeigefinger angedrückten Daumen ein und kann es somit etwas unkontrolliert fixieren.

Mein Gang ist nicht wirklich schön, aber ich gehe, und das ist die beste Therapie, die ich machen kann. Bei den Treffen mit den Patienten vom Rosenhügel kann ich feststellen, dass ich mehr Fortschritte als alle anderen gemacht habe. Doch auch im Alltag merke ich, dass ich schon vieles kann, was ich vor einiger Zeit für unerreichbar hielt. Ich könnte Margit und Susanne umarmen! Danke, ihr Lieben, ohne euch hätte ich das nie erreicht!

Die körperlichen Fortschritte sieht man ja, zum Beispiel wenn ich mich aufrichte oder aufstehe. Aber auch mental werde ich besser. Früher hatte ich, wenn ich durch eine automatische Tür musste, eine richtige Blockade. Der Klonus machte sich bemerkbar und ich konnte nicht mehr weiter, ich bin sozusagen stecken geblieben. Heute gehe ich ohne mit der Wimper zu zucken hindurch. Das habe ich durch Susanne gelernt, die mir eine indifferente Einstellung beibrachte. Damit habe ich das Hindernis »automatische Tür« überwunden.

Kraft ohne Kraft, wie soll das gehen?

Ich beobachte mich sehr genau, egal, welche Bewegung ich gerade mache, und ich analysiere jede Tätigkeit. Bei Susanne geht mit Kraft überhaupt nichts. Was aber, wenn der Arm gestreckt und senkrecht in die Höhe soll? Irgendwie brauche ich Kraft »ohne Kraft«. Es muss eine kleinere Krafteinheit als Kraft geben!

Den Arm senkrecht hochzuheben bedeutet gegen die Schwerkraft zu arbeiten – und da soll ich den Arm schweben lassen? Ich kann den linken Arm nicht mit wenig Kraft hochstrecken. Ist das vielleicht wieder so eine mentale Tätigkeit, wie bei der Atmung, um den Muskel zu lockern?

Ich probiere es zu Hause im Liegen und atme dabei

kräftig durch den Arm aus. Denn wenn er durch die Atmung locker werden kann, kann ich vielleicht auch Kraft hineinatmen! Ich sehe meinem Arm zu, wie er sich langsam gegen die Decke streckt, und pumpe ihn sozusagen durch das Atmen auf.

Unglaublich, was man mental und durch entsprechende Atmung zustande bringt! Ich hätte das nie für möglich gehalten! Ich wende dabei nicht mehr die reine Kraft an. Ich kann auch hier wieder Muskeln spüren, die es für mich nicht mehr gegeben hat, und finde einen »Draht« zu ihnen. Ich kombiniere das Atmen und den Draht zu dem Muskel, der betätigt werden muss.

Ich kann nie genau abschätzen, wie lange ich zu Susanne brauche. Einmal herrscht viel Verkehr und dann wieder wenig. Ich fahre aber so zeitig weg, dass ich oft eine Stunde zu früh dort bin. In der Nähe habe ich eine Trafik gesehen, wo es auch genug Parkplätze gibt. Ich werde mir eine Zeitung kaufen und sie im Auto lesen, dann kann ich anschließend stressfrei zu Susanne gehen. Allerdings sind diese Straße und der Gehsteig sehr frequentiert, ich hoffe, das klappt.

Alle Menschen, die mir begegnen, sind sehr rücksichtsvoll. Ich wünschte mir manchmal, ich würde angerempelt. Ich übe das nämlich mit Margit, sie rempelt mich während der Therapie manchmal unvermittelt an. Gelächter ist dann selbstverständlich. Diese zarte Frau schubst mich – früher hätte ich sie dafür übers Knie gelegt. Jetzt habe ich dagegen alle Hände voll zu tun, nicht umzufallen. Sie passt natürlich auf, dass mir nichts passiert. Für mich ist das wieder ein sichtbarer Fortschritt. Vor zwei Monaten hätte mich nur jemand anzusprechen brauchen und ich wäre gefallen.

Auch im Sitzen, wenn Margit meine Beine hochnimmt und verdreht, falle ich nicht mehr so leicht um. Sie muss sich schon richtig anstrengen. Es gelingt ihr dann aber, weil ich so lachen muss.

Sie ist immer darauf bedacht, im Grenzbereich zu arbeiten. Hat sie mich schon fast umgeschmissen, dreht sie in die andere Richtung und ich muss mich sofort wieder anstrengen. Mir helfen keine Tricks, die sind so offensichtlich, dass sie gleich dahinterkommt. Klar, wenn ich mich an ihr festhalte, merkt sie das natürlich. Ich bin aber noch nicht der alte Mann, den man irgendwo hinschubsen kann. Margit hat wieder einmal einen Weg gefunden, meinen Ehrgeiz zu motivieren. Natürlich haben wir auch Spaß dabei. Kurz vor dem Umfallen kitzle ich sie und sie lässt sich davon so ablenken, dass ich mich wieder fangen kann.

In letzter Zeit fällt mir auf, dass Margit auch außer Atem ist, wenn sie so etwas mit mir übt. Sie behauptet, es sei für sie inzwischen ebenfalls richtig anstrengend. Hinterher keuchen wir beide. Während der Übung fällt mir nicht auf, dass mir schwindlig ist, aber im Sitzen brauche ich dann einige Zeit, bis der Schwindel sich legt.

»Gut, du bist jetzt müde, ruh dich ein wenig aus. Ich richte die Matte her und dann wird gedehnt.«

Ja, dehnen und sich verwöhnen lassen, das wird jetzt guttun. Aber Margit wäre nicht Margit, wenn sie nicht aus dem Hinlegen schon wieder eine Sondertherapie machte: »Du musst ordentlich in den Kniestand gehen und dann kannst du dich hinlegen.«

Also, ich stehe vor Margit und sie gibt vor, was ich machen soll. Den Schwerpunkt über das Knie verlagern und langsam beugen. Margit hält mich jetzt besonders aufmerksam. Noch ein Stück, noch ein Stück – als ich fast unten bin, verlässt mich die Kraft. Margit fängt den leichten Fall ab, aber sie freut sich, wie gut es geht.

»Du weißt doch, Anuschka lässt mich immer knien«, ziehe ich sie auf.

»So, so, ich habe mir schon gedacht, dass du viel knien musst!«

Ich freue mich natürlich auch und Margit bekommt ein Busserl auf die Wange.

Susanne bewegt meinen Arm in alle Richtungen, beugt den Ellbogen und streckt ihn wieder. Sie macht das langsam und sehr behutsam. Ich habe auch keine Schmerzen mehr in der Schulter, das ist ein ganz anderes Arbeiten.

Ich kann hier ebenfalls Muskeln spüren, die ich nicht mehr kannte, und ich versuche diese Bewegung mitzumachen. Susanne merkt das und bittet mich, nur mit zwanzig Prozent der Kraft zu helfen, später mit fünfzig. Irgendwann merke ich, dass mich Susanne nicht mehr so stark bewegt, ich übernehme schon siebzig Prozent. Bis dahin dauert es aber Wochen, wenn nicht Monate, und es ist viel Geduld gefordert.

Ich bin überzeugt, dass ich mit der Hand noch viel erreichen kann, wenn ich weiter Therapie mache.

Es hört sich sehr einfach an, wenn mich Margit auffordert, die Hüfte und die Schulter zu senken. In der Praxis ist das jedoch gar nicht so leicht. Die kleinste falsche Bewegung und ich bin im alten Muster. Das muss sich so eingespeichert haben, als ich noch nicht mit Susanne und Margit gearbeitet habe. Ich wusste es eben nicht besser.

Jetzt ist mein Hirn gefordert, diese grauen Zellen, die

die richtige Bewegung wieder speichern müssen, und die anderen Zellen, die nicht vergessen dürfen, wie es richtig sein muss. An diesem Punkt bin ich wieder bei Eric Kandel angelangt: »Wir Menschen sind ein Wunder.«

Wie die Zeit vergeht

Gut, dass ich die Angiographie machen ließ, jetzt kann ich weitere Aneurysmen ausschließen. Ich hoffe nur, dass die verkapselte Stelle hält. Beim Schnäuzen oder bei Kraftübungen passe ich sehr auf.

Ich mache jetzt seit fünf Jahren Therapie und kann gerade mal ohne Stock gehen. Eine Gabel in der linken Hand zu halten ist noch fast Utopie. Mit Hilfe geht es ja – nur nicht in die richtige Richtung. Mit meiner linken Hand kann ich nicht wirklich essen.

Wenn ich weiterhin Therapie mache, kann ich noch weitere Fortschritte machen. Am Weißen Hof hatte der Arzt gemeint, bei mir würde sich nichts mehr ändern. Doch eigentlich könnte ich den Wanderweg um den Weißen Hof jetzt bestimmt schon ganz alleine gehen. Das war mein damaliges Ziel.

Um auf einem Schiff zu leben, würde es schon reichen. Ich glaube immer noch an die Börse, und in zehn bis fünfzehn Jahren kann ich richtig in die Pension gehen. Ich werde mein Ziel erreichen, das steht für mich jetzt fest!

Den Titel des Buches »Nach Regen kommt immer wieder Sonnenschein« habe ich gewählt, um zu zeigen, dass es, auch wenn man noch so tief unten ist, auch wieder aufwärts gehen kann. Aber leider gibt es auch Todesfälle.

Klar, nach einer Woche Regen kann es noch eine Woche regnen, aber irgendwann kommt auch wieder die Sonne. Das ist ein Gesetz, ob bei den Börsenkursen oder im Leben. Genauso wie nach einer Nacht wieder ein Tag kommt, außer das Leben ist vorbei.

Eigentlich habe ich noch viele gute Tage vor mir, an die ich sicher noch einige Hakerl machen kann. Und diesen Traum, auf einem Schiff zu leben, den verwirkliche ich auch noch!

Einige Informationen für Schlaganfallpatienten und ihre Angehörigen

Es tauchen bei Angehörigen von Schlaganfallpatienten oft Fragen auf, die ich hier versuchen will zu beantworten.

Was ist zu tun, wenn so ein Ereignis eintritt?

Symptome für einen Schlaganfall sind:
- Gleichgewichtsstörungen mit und ohne Schwindel
- Seh- und Hörstörungen
- Störungen der Sprache oder des Sprachverständnisses
- Die Unfähigkeit zu lesen, zu rechnen oder zu schreiben
- Taubheitsgefühle in Arm oder Bein und Einknicken der Beine

■ Oft fallen die Patienten zusammen, können nicht mehr gehen und einen Arm schlecht bewegen. Oft klagen sie auch über Kopfschmerzen und Übelkeit

In diesem Fall gilt es erst mal Ruhe zu bewahren und klare Gedanken zu fassen. Was soll als Erstes geschehen?

Den Patienten versorgen. Um zu prüfen, welche Seite betroffen ist, kann man ihm überkreuzt die Hände geben und ihn bitten, gleichmäßig zu drücken, wenn er dazu in der Lage ist. So kann man gut feststellen, welche Hand schwächer ist, und hat schon erste Anhaltspunkte.

Bitte nicht am schwächeren Arm ziehen und ihm so aufhelfen wollen (Luxation)! Besser ist es, sich hinter den Betroffenen zu stellen und seine Schultern anzuheben, sodass er sitzen kann. Stützen Sie seinen Oberkörper mit zumindest einem Knie ab und versuchen Sie, ihn an eine Wand zu lehnen.

Achten Sie auf Übelkeit und Erbrechen!

Wenn der Patient in der Lage ist aufzustehen, dann helfen Sie etwas mit, indem Sie seine Arme verschränken und von hinten unter seinen beiden Achseln durchgreifen. Nehmen Sie nun seine Unterarme (Rautegriff) und helfen ihm so in den Stand. Gehen Sie mit ihm zu einem Platz, der sicher ist und wo er nirgends herunterfallen kann.

Ist der Patient bewusstlos, bringen Sie ihn in Seitenlage und achten Sie darauf, dass er atmen kann. Zahnersatz und dergleichen nehmen Sie ihm aus dem Mund. Wichtig ist es, die Atemwege freizuhalten (Erbrochenes).

Nun ist schnellstmöglich die Rettung zu verständigen!

Notrufnummern für den Rettungsdienst:

- Handy-Notruf in allen Ländern   112
- Österreich   144
- Schweiz   144
- Deutschland in fast allen Bundesländern 112
- Deutschland in Baden-Württemberg,
  Rheinland-Pfalz, Saarland und Bayern   19222
  (Ohne Gewähr!)

Achten Sie darauf, dass der Patient in eine Stroke Unit kommt, wenn das möglich ist.

Im Spital beginnt dann die bange Zeit des Wartens. Kein Arzt kann etwas Genaues sagen. Sie kommen sich vielleicht schlecht betreut vor. Doch es hilft nur Geduld, Geduld, Geduld oder wie die »Lateiner« sagen: »Omne patmi mane hum«, auch wenn es nicht leicht zu begreifen ist. Es kann zurzeit wirklich niemand Auskunft geben.

Wahrscheinlich werden eine Computertomographie (CT), eine Magnet-Resonanz-Tomographie (MRT oder Kernspintomographie) oder ähnliche Untersuchungen gemacht, um festzustellen, was diesen Zustand ausgelöst hat. Nach der Auswertung wird der Arzt Sie informieren, was die Ursache war und was dagegen unternommen wird.

Der Patient ist in akuter Lebensgefahr, wenn sich der Verdacht auf Schlaganfall bestätigt. Und kein Arzt kann Ihnen sagen, ob er überleben wird! Nicht einmal Vermutungen können die Ärzte anstellen, das wäre unseriös.

Stellen Sie sich vor, man versichert Ihnen, dass bald alles wieder in Ordnung sein wird, und zwei Stunden später ist der Patient tot! Darauf lässt sich kein Arzt ein, und so wird eher die schlechteste Prognose gestellt: »Der Patient hat kaum Überlebenschancen.« Eben weil auch viele Schlaganfallpatienten sterben, machen Ärzte wenig bis gar keine Vorhersagen. Das hat nichts mit Unfreundlichkeit oder Arroganz zu tun. Es kann wirklich niemand genau wissen, wie es weitergeht.

Erst wenn die Ursache für den Schlaganfall gefunden ist, kann man vielleicht etwas tun, damit kein weiterer Schlaganfall eintritt. Drängen Sie die Ärzte, die Ursache zu finden. Oft weiß man nicht, warum er aufgetreten ist. Bei Frauen wird er manchmal auf die Einnahme der »Pille« geschoben, was im Zusammenhang mit anderen Faktoren auch tatsächlich ein Grund sein kann. Aber oft sind es auch ein Loch im Herzen (Foramen ovale) oder Herzrhythmusstörungen, die als Ursache nicht gleich erkannt werden.

Sie haben das Bestmögliche für den Patienten getan. Für die Angehörigen heißt es jetzt warten, unter Umständen wochenlang, und noch immer gibt es vielleicht keine befriedigende Antwort. Oft werden Schlaganfallpatienten in ein künstliches Koma versetzt, damit sich das Gehirn beruhigen kann.

Das Hirn ist jetzt so gereizt, dass es anschwillt und Platz braucht. Man wird versuchen, dem Druck eventuell durch eine »Drainage« oder eine »Entdeckelung« (Entfernung von Schädelknochen) entgegenzuwirken. Wenn es genügt, geringe Mengen von Blut oder Hirnflüssigkeit (Liquor) abzulassen, damit sich der Hirndruck normalisiert, wird nur ein Loch gebohrt und eine Drainage (Schlauch) gelegt. Genügt das nicht, können eventuell noch Teile der Schädeldecke entfernt werden.

Wenn die Schwellung zurückgegangen ist, wird der Knochen wieder reimplantiert. Die Patienten können ganz gut so leben, und wenn alles verheilt ist, wird das bald vergessen sein.

Allerdings kann man immer noch nicht genau sagen, welche Hirnzellen durch die Unterversorgung mit Sauerstoff und den Hirndruck abgestorben sind. Der Patient liegt teilnahmslos da. Er schaut fürchterlich aus und bei den meisten bewegen sich die Augen richtungslos.

Sie fühlen sich wahrscheinlich mit Ihren Fragen allein gelassen. Doch es nützt nichts, wenn Sie einem Arzt hinterherlaufen und Antworten möchten. Zwischen Tür und Angel kann kein Mensch eine genaue Beurteilung abgeben, Sie bekommen höchstens eine falsche Auskunft.

Haben Sie bitte Verständnis für die Ärzte. Diese können nicht jeden Patienten auf Abruf im Kopf haben, vor allem, wenn sie gerade mit ganz anderen Dingen beschäftigt sind.

Lassen Sie sich beraten!

Machen Sie mit dem zuständigen Arzt einen Termin aus und gehen Sie in die Sprechstunde. Jetzt hat er alle Unterlagen parat und auch die Zeit für Ihre Fragen.

Ein Tipp: Schreiben Sie sich zu Hause auf, was Sie wissen wollen, so vergessen Sie nichts, was Ihnen wichtig ist.

Meistens sind es Ehepartner, Kinder und enge Angehörige, die sich Sorgen machen und deren Leben sich ja meist ebenfalls grundsätzlich ändert. Wird der Patient ein Pflegefall sein? Wann und in welchem Zustand wird er nach Hause kommen? Sie müssen sich auf die weitere Behandlung vorbereiten und überlegen, welche Situation auf Sie zukommt. Für diese Fragen gibt es in fast jedem Spital eine Sozialstation, wo Sie beraten werden, wie es weitergehen kann.

In Österreich wird das Krankengeld ein halbes Jahr lang gezahlt. Sie müssen damit rechnen, dass der Betroffene nicht mehr wird arbeiten können. Die Sozialstation hilft beim Einreichen der Anträge für eine Berufsunfähigkeitspension und das Pflegegeld. Bis zu einem Bescheid dauert es ungefähr ein halbes Jahr. Um nicht in finanzielle Schwierigkeiten zu kommen, sollte das rechtzeitig gemacht werden.

Von der Sozialstation erfahren Sie auch die Möglichkeiten zur Rehabilitation, die in Ihrer Nähe angeboten werden.

Die Diagnosen können erst richtig gestellt werden, wenn der Patient aus dem Tiefschlaf aufwacht. Viele bleiben länger als geplant in diesem Zustand, weil oft eine Lungenentzündung oder Keime die Patienten in ihrem Genesungsprozess zurückwerfen.

Auch hier heißt es Geduld. Die Spitäler sind auf so etwas vorbereitet und können helfen. Der Patient ist noch immer in einem Akutzustand, und da ist der Tiefschlaf das Beste für ihn.

Besuchen Sie Ihren Angehörigen und sprechen Sie mit ihm. Massieren Sie leicht seine Hände, Arme und Beine mit einer Lotion, und zwar immer beide Seiten. Das ist schon eine erste Therapie. Wenn Sie nicht wissen, was Sie mit dem »schlafenden« Patienten reden sollen, lesen Sie ihm die Tageszeitung vor. Er wird spüren, dass Sie da sind und sich weniger Sorgen machen, weil Sie

ja über ihn wachen. Das bekommen Koma- oder Tief-
schlafpatienten oft mit.

Erst wenn der Patient stabil genug ist, wird er geweckt
und von der Intensivstation auf die Normalstation ver-
legt. Ab nun können Sie erst einmal durchatmen, denn
jetzt ist es ziemlich sicher, dass er überlebt.

In einer Stroke Unit wird noch in der Intensivstation
mit Therapie begonnen und der Patient bleibt weiter im
Haus und bekommt dort auch gleich Therapie.

Jetzt wird man das Ausmaß der Schäden feststellen können. Die Therapeuten testen, was der Patient
noch kann und was er neu erlernen muss. Es wird ein
Therapieplan ausgearbeitet und wenn der Betroffene
ordentlich mitarbeitet, wird dieser im Drei-Wochen-
Rhythmus verlängert. Diese Regel gilt für Österreich,
in Deutschland ist es ähnlich.

Natürlich hängt es vom Alter ab, wie viel Therapie
die Krankenkasse bezahlt. Einem Fünfzigjährigen wird
wahrscheinlich mehr Therapie zugestanden als einem
Neunzigjährigen, denn die Krankenkasse geht davon
aus, dass jüngere Menschen eben noch bessere Fortschritte machen können als sehr alte Patienten.

Rechtzeitig vorsorgen!

Viele Menschen müssen in ein Pflegeheim, weil die Angehörigen mit der Pflege überfordert sind. Wer je Pflege brauchte oder selbst gepflegt hat, weiß, dass dies
Schwerarbeit bedeutet. Wenn man sich nicht abwech-
seln kann, heißt das Arbeit rund um die Uhr, sieben
Tage in der Woche und 24 Stunden am Tag.

Entscheiden Sie sich, den Patienten selbst zu pflegen,
muss er zumindest so stabil sein, dass Sie ihn für ein

paar Stunden alleine lassen können. Natürlich gibt es Hilfen wie Pflegedienste und ambulante Schwestern. Auch Therapeuten kommen ins Haus.

Dass diese Betreuung nicht umsonst ist, wird wohl jedem klar sein. Aber auch ein Altenheim kostet Geld. Und solange ein Patient etwas besitzt, bezahlt kein Staat für ihn. Auch von den Kindern wird verlangt, dass sie für ihre Eltern aufkommen, denn Pension und Pflegegeld reichen meistens bei Weitem nicht aus. Das kann ganze Familien in ein finanzielles Desaster stürzen.

Deshalb ist es unbedingt wichtig, rechtzeitig vorzusorgen (Pflegeversicherung)!

Mit etwas Glück lernt der Patient in der Rehabilitation so viel, dass er sich selber versorgen und sein Leben wieder einigermaßen aufnehmen kann. Dann wird diese Internetadresse des Schlaganfall-Forums interessant: **www.das-schlaganfall-forum.de/index.php**

Hier herrscht ein reger Austausch von Betroffenen und Angehörigen und man findet immer einen Ansprechpartner. Denn auch jetzt tauchen häufig Fragen auf, ob zu psychologischen oder physischen Problemen. Meist kann Ihnen mit Rat geholfen werden.

In der Bevölkerung besteht häufig die Meinung, dass ein Schlaganfallpatient geistig nicht mehr ganz normal ist, aber das ist mit Vorsicht zu nehmen. Denn nur weil ein Mensch nicht oder nur schlecht sprechen kann, darf man ihn nicht als »Depp« abstempeln.

In der Regel sind Patienten, die es in der linken Hirnregion getroffen hat, rechtsseitig gelähmt und haben Sprechprobleme. Umgekehrt ist die Lähmung links, wenn die rechte Hirnseite betroffen ist.

Therapie kann viel bewirken!

Körperliche Defizite können mittels Physiotherapie, Ergotherapie und Logopädie gut therapiert werden.

Sie dürfen jedoch nicht glauben, nur weil ein Nachbar seinen Schlaganfall gut überstanden hat, wird das bei Ihnen genauso sein. Jeder Schlaganfall ist anders und man kann erst nach der Therapie feststellen, welche Defizite bleiben werden und was sich gebessert hat.

Das wichtigste Ziel ist die möglichst selbstständige Bewältigung der Grundbedürfnisse des Menschen, also sprechen, essen und trinken, sich waschen und das WC benützen. Das wird in der Ergotherapie und vom Pflegepersonal gelehrt, sofern der Patient schlucken kann. Für das Training von Sprechen und Schlucken sind Logopäden zuständig.

Es ist aber nicht gesagt, dass Ihr Angehöriger das auch können wird. Ihre Hilfe dazu kann nur Motivation sein. Günstig ist vielleicht auch Ihre Anwesenheit bei den Therapien, damit Sie später besser mit dem Patienten umgehen können. Schauen Sie sich von den Therapeuten so viel wie möglich ab, so können Sie zu Hause mit ihm auch außerhalb der Therapieeinheiten üben.

Sie sehen, dass Ihre Zeit sehr knapp werden wird, und wenn Sie jetzt noch berufstätig sind, wird es fast unmöglich, dies zu bewältigen. Und dabei sind die Hausarbeit oder eventuell nötige Betreuung von Kindern noch gar nicht berücksichtigt.

Deshalb noch einmal mein Rat: Vorsorgen, vorsorgen, vorsorgen!

Das ist in erster Linie der Grund, warum ich über meinen Handel mit Aktien, den ich als Möglichkeit zur finanziellen Vorsorge sehe, geschrieben habe, denn ich denke, dass genau dies für manche interessant sein könnte. In Amerika handelt fast die Hälfte der Bevölkerung mit Aktien, um für sich vorzusorgen, und das könnte in Europa wohl auch bald der Fall sein, denn unser Gesundheitssystem wird diese Hilfe nicht mehr lange leisten können.

Einige Begriffe von A bis Z

Aneurysma
Eine Aussackung von Blutgefäßen, die dünnwandig werden und leicht platzen und so eine Blutung, zum Beispiel im Gehirn, hervorrufen können.

Angiographie
Röntgenuntersuchung, bei der mit Hilfe von Kontrastmitteln Gefäße sichtbar gemacht werden. Mit diesem Verfahren können Aneurysmen im Gehirn erkannt werden. Wenn dieser kleine Eingriff erforderlich ist, kann ich nur empfehlen, ihn durchführen zu lassen. Es ist zwar ein kleiner Stich zu ertragen, weil von der Leiste aus eine Sonde durch die Aorta bis zum Gehirn geschoben und dort das Kontrastmittel gespritzt wird. Dafür erhält man ein sicheres Ergebnis über den Zustand im Gehirn. Sind weitere Aneurysmen vorhanden, kann man durch clippen oder coilen (abklemmen oder zustopfen) eine neuerliche Blutung verhindern und hat somit keine »Zeitbombe« im Kopf.

Aorta
Hauptschlagader

Aphasie
Sprechstörung, Verlust des Sprachverständnisses, ist meist mit einer rechtsseitigen Lähmung verbunden. Unter **www.google. de** können Sie die verschiedenen Formen einer Aphasie erfahren. (Genauso kann hier natürlich über alle anderen Begriffe recherchiert werden.)

Apoplex
Im Allgemeinen ist damit der Schlaganfall gemeint.

Apraxie
Bei Hirnschädigungen kann es zu Beeinträchtigungen kommen,

die für den Laien schwer verstehbar sind. Laienhaft erklärt, ist hier die Organisation der motorischen Programme gestört.

Arteriosklerose
Verkalkung der Blutgefäße

Aspirin
Wird häufig als Generikum (ASS) gegeben, dient zur Blutverdünnung.

Blutdruck
Idealwerte liegen bei 130/70. Hoher Blutdruck stellt einen großen Risikofaktor für Schlaganfall oder Hirnblutung dar und gehört behandelt. Ein schwankender Blutdruck, das heißt einmal hoch und dann wieder niedrig, ist dann gefährlich, wenn man die Veranlagung zu Aneurysmen hat.

Blutgefäße
Zu den großen Blutgefäßen gehören die Arterien und Venen des Blutkreislaufsystems in unserem Körper, die alle Gewebe mit Sauerstoff versorgen.

Botox
Nicht nur »Schönheitsärzte« verwenden dieses Mittel zum Unterspritzen von Falten, sondern es hilft auch, extreme Spastiken zu lindern. Die Wirkung hält aber nur ca. drei Monate und es ist sehr teuer. In notwendigen Fällen bezahlt die Krankenkasse.

Carotis
Halsschlagader, hirnversorgende Arterie

Cholesterin
Achten Sie auf Ihre Cholesterinwerte, denn das »schlechte« Cholesterin LDL verursacht Ablagerungen in den Blutgefäßen (Arterienverkalkung). Diese sind häufig Ursache für Schlaganfall und Herzinfarkt. Das »gute« Cholesterin HDL hingegen kann Fettablagerungen in den Blutgefäßen zur Leber abtransportieren.

Cialis
Potenzmittel, das bessere Viagra. Die Wirkung hält gut drei
Tage an und man braucht nicht auf eine Stunde genau fixiert zu
sein. Es kann den Sex erleichtern, wenn beim Mann Schmerzen durch die Lähmung oder Impotenz durch ein Blutdruckmittel auftreten.

Dekubitus
Wundliegen – ein Patient, der sich selber nicht bewegen kann,
muss alle paar Stunden umgelagert werden, damit er kein
Druckgeschwür bekommt.

Dilatrend
Blutdruckmittel, das impotent machen, aber eventuell das
einzig wirksame Mittel gegen Bluthochdruck sein kann. Ein
Generikum ist Carvedilol.

Epilepsie
Krampfartiges Schütteln mit Bewusstseinsstörung, kann nach
einem Schlaganfall auftreten. Es gibt verschiedene Arten von
Epilepsie.

Generikum
Präparat mit der gleichen Zusammensetzung wie das Marken-
arzneimittel. Wird nach Ablauf des Patents von anderen Fir-
men oft billiger angeboten.

Großhirn
Der Teil des Gehirns, der für das Denken und die Wahrnehmung
zuständig ist. Das Großhirn ist geteilt in zwei Hälften, die unterschiedliche Funktionen wahrnehmen. In der linken Hälfte befindet sich die Sprachzentren. Außerdem steuert das Großhirn die
motorischen Bewegungen und die Koordination der Muskeln.

Hirnorganisches Psychosyndrom
Das Hirnorganische Psychosyndrom (HOPS, auch Organi-
sches Psychosyndrom) ist ein unscharfer Oberbegriff für psy-
chische Störungen, die eine körperlich begründbare Ursache

haben. Diese Störungen können allen bekannten Krankheitsbildern ähnlich sein. Typisch ist jedoch das Vorhandensein von Demenz bei chronischen oder das Delirium bei akuten hirnorganischen Schäden. Häufig kommt es auch zu Verwirrtheit, Orientierungsstörungen, Umtriebigkeit und Sprachstörungen, manchmal auch zu Aggressivität.

Internettadressen
Meine Homepage, über die sie mich persönlich erreichen können, sollten sie Fragen haben:
> http://members.e-media.at/Anusch
> www.create.at/NachRegen

dort werden wir die Podcasts zum Download hinstellen und alle Infos und Links zum Hörbuch!
Hörbuch kaufen unter: www.create.at/NachRegen

Radio4Handicaps: Internet-Radiosender mit Gesundheitsthemen und täglichen Informationen für Menschen mit und ohne Handicaps. www.Radio4Handicaps.de

Kleinhirn
Das Kleinhirn regelt die unwillkürlichen Bewegungen. Es erkennt Situationen, z. B. ein Hindernis, und gibt den Befehl ans Großhirn, auf das Fallen vorbereitet zu sein, also die Arme zum Schutz vorzustrecken. Es ist sozusagen eine Schaltzentrale.

Klonus
Ein Schüttelkrampf bei hoher Spastik. Nicht zu verwechseln mit einem epileptischen Anfall, hier gibt es keine Bewusstseinsstörung.

MRSA-Keim
Erreger, der Entzündungen und Wundinfektionen auslösen kann. Gefährdet sind vor allem Menschen, deren Abwehrkräfte geschwächt sind, also zum Beispiel Schlaganfallpatienten auf Intensivstationen. Der Patient wird isoliert und darf meistens nur mit Mundschutz und eigens dafür vorgesehener Kleidung besucht werden.

Neglect

Wahrnehmungsstörung, die durch eine Hirnschädigung verursacht wird und dadurch charakterisiert ist, dass Reize aus der gegenüberliegenden Raum- und Körperhälfte nicht beachtet werden, sowie durch einen verminderten Einsatz der Extremitäten dieser Körperhälfte. Der Neglect lässt sich nicht allein durch möglicherweise gleichzeitig bestehende Lähmungen, Sensibilitätsstörungen oder Gesichtsfeldstörungen erklären. Neglect kann Reize aus allen Sinneskanälen und auch die Motorik betreffen. Häufig kommt es dann zu einer dauerhaften Störung im Spüren (Sensorik) und Bewegen (Motorik) der gegenseitigen Körperhälfte.

Peg

Magensonde, die durch die Bauchdecke gelegt wird, meist wenn Schluckbeschwerden längere Zeit anhalten. Wird auch häufig in den Dünndarm gelegt.

PRIND

Prolongiertes reversibles ischämisches neurologisches Defizit: Vorübergehende neurologische Ausfälle, die länger als 24 Stunden, aber weniger als drei Wochen andauern, ohne nachweisbare Strukturdefekte (wie TIA).

Sozialstation

Die Sozialstation berät und unterstützt Sie, zum Beispiel beim Einreichen von Anträgen auf Pension und Pflegegeld oder für Hilfsmittel und Zuschüsse bei Umbauten. Es wird vielleicht ein Rollstuhl gebraucht oder das Bad muss umgebaut werden und man braucht Haltegriffe, Duschhilfen, Badewannenlifter usw. Meistens reichen die Therapeuten solche Anträge ein, aber die Sozialstation ist ein guter Ansprechpartner, der einem sagt, wohin man sich wenden soll, um diese Dinge auch bezahlt zu bekommen.

Spastik

Unkontrollierte, krampfartige Muskelanspannung. Oft ist ein Arm, eine Hand oder ein Bein ungewollt stark angespannt.

Sie kann nach einem Schlaganfall die gesamte Körperhälfte betreffen, vom Kopf bis zu den Zehen.

Stammhirn
Das Stammhirn (Urhirn) ist zuständig für die lebenserhaltenden Vorgänge wie Atmung, Herzschlag, Verdauung usw.

Stroke Unit
Neurologische Spezialklinik, wo sofort mit Therapie begonnen werden kann. Denn je früher therapiert wird, desto besser sind die Heilerfolge.

Thrombose
Blutgerinnsel. Blut mit Bereitschaft zu Klumpenbildung (Gendefekt) verstopft Blutgefäße und kann Schlaganfälle und Herzversagen verursachen. Sprechen Sie vor längeren Flügen oder Autofahrten mit dem Arzt über eine mögliche Blutverdünnung, z. B. mittels Aspirin.

TIA
Transitorische ischämische Attacke, im Volksmund auch »Schlagerl« genannt. Vorübergehende neurologische Ausfälle, die sich innerhalb von 24 Stunden vollkommen zurückbilden, ohne einen Defekt zu hinterlassen.

Tonus
Die Stärke der Muskelanspannung bei Spastiken.

Trachealkanüle
Metall- oder Kunststoffröhrchen, das von außen am Hals in die Luftröhre operiert wird, dient zur Beatmung und Absaugung. Der Patient kann mit dieser Kanüle nicht sprechen. Wenn er das Loch zuhält, klappt es aber meistens.

Urinalkondom
Kondomkatheter, kann bei Männern mit Harninkontinenz gute Dienste leisten.

Verfügung

Viele Menschen denken über eine ärztliche Verfügung nach, in der alle lebenserhaltenden Maßnahmen untersagt werden, wenn man so ein Leben nicht führen mag. Das kann natürlich jeder nur für sich selbst entscheiden. Ich würde allerdings heute nicht mehr leben, wenn ich so eine Verfügung unterschrieben hätte. Das Leben war und ist für mich aber auch als Pflegefall lebenswert, das sollte man dabei bedenken.

Versichern

Man denkt in jungen Jahren kaum an schlimme Krankheiten oder daran, dass das Leben plötzlich eine andere Richtung nehmen könnte. Doch es ist wichtig, sich nicht nur gegen Unfallfolgen zu versichern, sondern auch an Pflege- und Berufsunfähigkeitsversicherungen zu denken.

Vorsorgen

Nach solch einem Ereignis ist man kaum in der Lage, die Situation zu begreifen. Trotzdem sollten sich vor allem auch die Angehörigen Gedanken über die Zukunft machen. Habe ich Zugriff auf das Konto des Patienten? Muss ein Vormund bestellt werden? Welche Zahlungen kommen auf mich zu? Wurden Versicherungen abgeschlossen und wo sind die Policen? Wie kommt man zu einer Rehabilitation? Wo beantragt man Pension und Pflegegeld? Was muss zu Hause an Umbauten gemacht werden?

Wasser

Wasser ist lebenswichtig. Man sollte unbedingt drei Liter am Tag trinken, nicht nur als Patient, sondern auch im normalen Leben.

Zeit

Der Zeitfaktor ist ein wichtiger Bestandteil dieser Krankheit. Bei vielen Patienten können ein paar Stunden entscheidend sein. Zum Beispiel kann ein Blutgerinnsel mit Lysetherapie kurz nach dem Ereignis aufgelöst werden und der Patient hat keine oder kaum Ausfälle. Das Zeitfenster dafür beträgt etwa drei Stunden. Bei einer Hirnblutung ist sowieso rasches Handeln notwendig, denn hier wird der Druck im Gehirn immer größer und lebensbedrohlicher.

Als Patient hat man plötzlich viel Zeit, und da sollte man überlegen, wie die Zukunft aussehen soll. In der Therapie sind Fortschritte nur langsam zu erzielen und man braucht viel Geduld. In dieser Zeit haben mir die Träume von meiner Weltumsegelung und die Planung meines Schiffes gut geholfen.

Danksagung

Ich danke meiner herzallerliebsten Frau Anuschka, der wichtigsten Person in meinem Dasein, die in meinem ersten und an jedem Tag meines zweiten Lebens an meiner Seite war und die über ihre Grenzen ging, um mich am Leben zu halten. Sie ist eine Quelle der Kraft, aus der ich schöpfen kann. Mit ihr konnte ich in dieser schweren Zeit lachen und weinen. Sie behandelt mich Gott sei Dank nicht als Behinderten, sondern nach wie vor als gleichberechtigten Partner.

Ich danke meiner Tochter Denise, die mir das Leben rettete und die mich sehr oft zum Lachen brachte. Das hat wirklich gutgetan!

Außerdem danke ich meinen Eltern, die keine Mühe scheuten, um mir das Leben so angenehm als möglich zu gestalten. Herbert und Erika unterstützten uns nicht nur finanziell, sondern zeigten auch, wie Geschwister und Freunde miteinander diesen Weg gehen. Meine Schwiegereltern gaben mir das Gefühl, immer für mich da zu sein, obwohl sie selber Hilfe nötig hätten. Euch allen ein herzliches Dankeschön!

Dies gilt auch für alle Onkel, Tanten, Neffen, Cousin und Cousinen sowie alle meine Freunde, für die es selbstverständlich ist, mich mit offenen Armen zu empfangen, ohne Wenn und Aber.

Besonders danken möchte ich der Familie Stockhammer und unserer Freundin Annemarie, denen es gelungen ist, mich am Rosenhügel, der für mich besten neurologischen Klinik in Wien, und im Rehabilitationszentrum Weißer Hof unterzubringen.

Professor Mamoli, der mich nicht kannte und mich trotzdem in seine voll belegte Klinik aufgenommen hat; allen Ärzten, mit denen ich zu tun hatte, sowie allen Krankenschwestern, die mich so hervorragend betreuten; Michaela, Susanne und Margit, meinen allerliebsten Therapeutinnen, die mir immer Mut machten, die sich oft über mich wundern, manchmal ärgern und sich mit mir sehr viel plagen mussten, mit denen ich aber auch viel Spaß hatte: Ihnen allen sei herzlich gedankt!

Manfred Mader